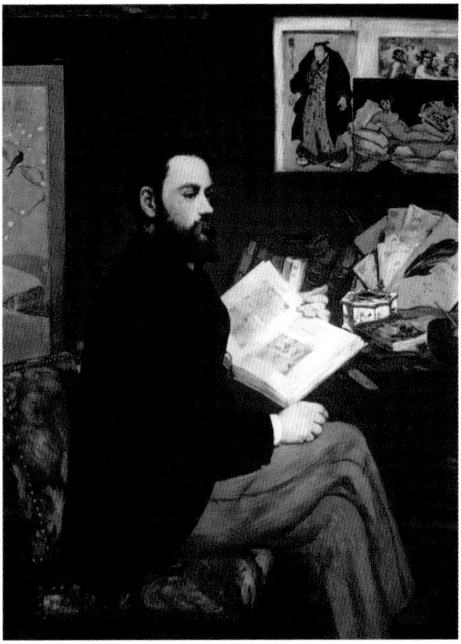

〈에밀 졸라의 초상〉(1868)

조각가이자 시인이고 비평가인 자카리 아스트뤼크와 작가 에밀 졸라는, 마네가 그 어떤 화가도 겪어보지 못했을 정도로 광범위한 비난의 대상이 되었을 때 그를 옹호해주었다. '올랭피아'라는 멋진 이름은 아스트뤼크가 쓴 보들레르풍의 시에서 왔다.("꿈꾸기에 지친 올랭피아가 선잠을 잘 때……") 졸라는 유명한 그림이 불러일으킨 폭풍의 와중에 스캔들을 일으키면서 예언적으로 용기 있게 썼다. "마네 씨의 자리는 루브르이다……."

〈자카리 아스트뤼크의 초상〉(1864)

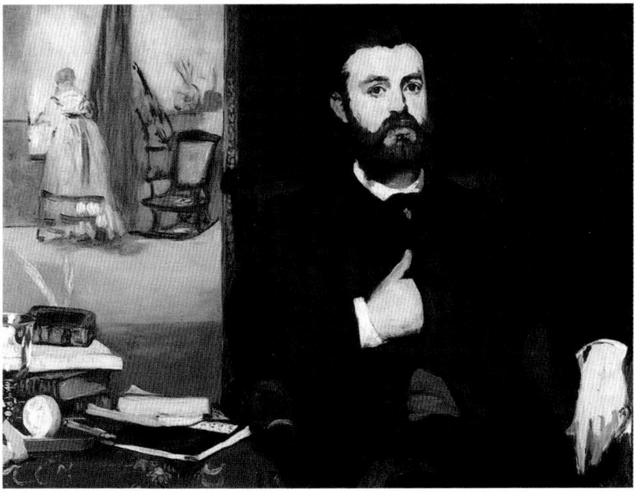

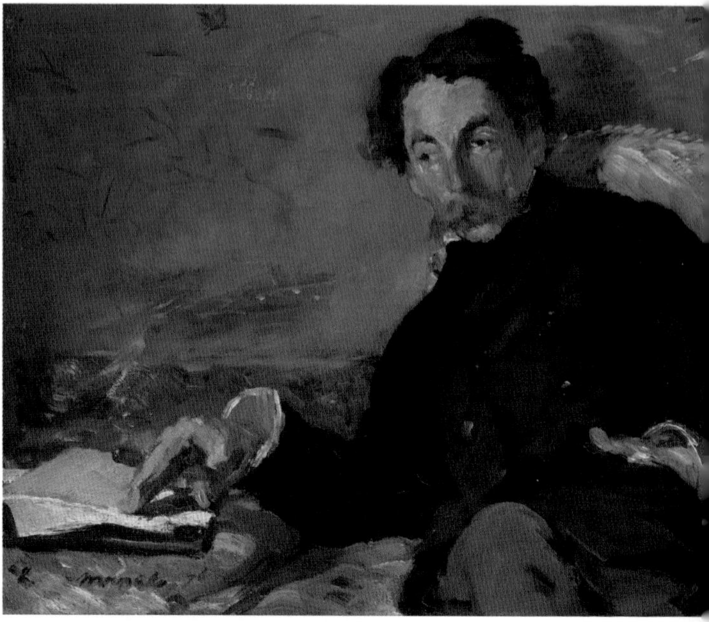

〈스테판 말라르메의 초상〉(1876)

미술과 문학의 역사에서 이 그림은 예외적인 것이다. 이 그림은 두 위대한 정신의 우정을 발산한다. 인간을 무겁게 하는 숱한 의기소침의 자리는 캔버스 어디에도 없다. 경쾌한 비상의 힘, 문장과 형태를 해체하는 섬세함은 여기서 진정한 승리를 거둔다. 가장 홀가분한 정신, 가장 먼 가능성들의 융합, 천진함, 그리고 철저함은, 무거움을 극복한 인간의 결정적 모습이라고 할 유희의 가장 완벽한 이미지를 구성한다.

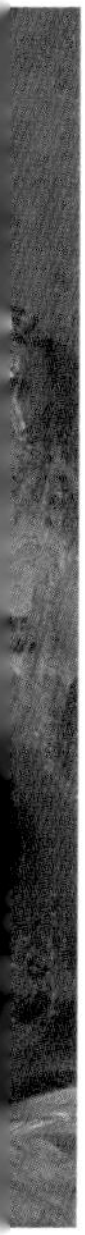

마네는 바티뇰에 있던 그의 아틀리에 근처에 위치한 빈민가 '프티트 폴로뉴(작은 폴란드)'에서 이 그림의 모델이 된 사람들을 발견했다. 여기서는 무상적 구도가 대다수 인물의 사실주의와 대립한다. 가장 두드러진 인물들은 가난의 세계에 속한 사람들이다.

〈늙은 악사〉(1862)

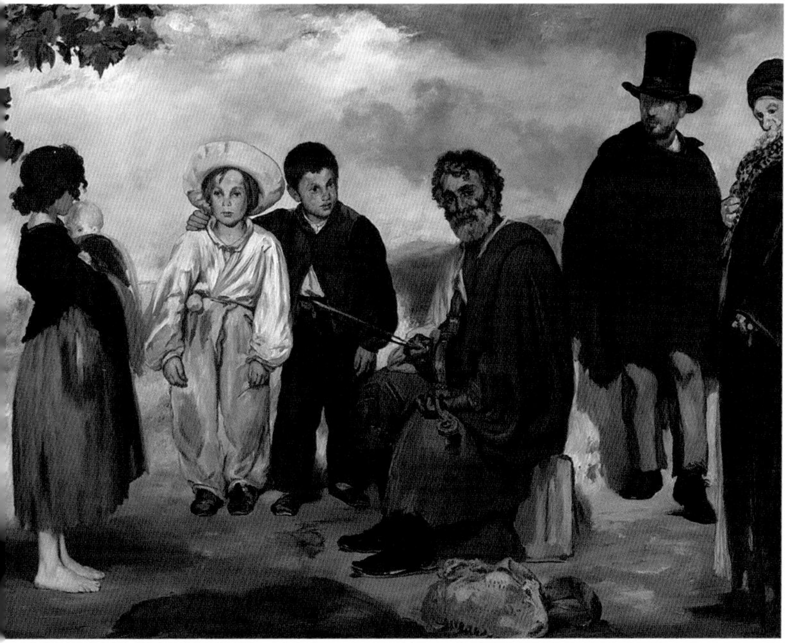

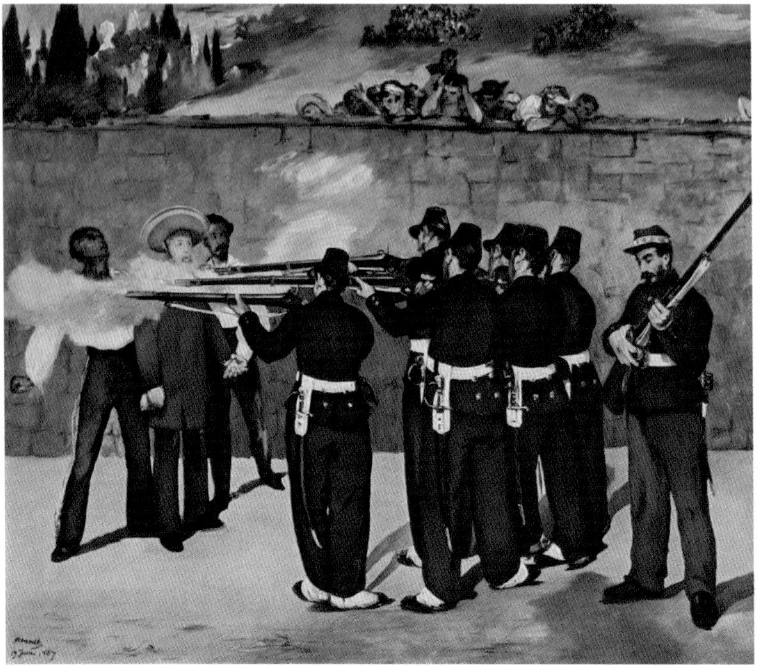

〈막시밀리안황제의 처형〉(1867)

나폴레옹3세의 무모한 정략에 따라 무분별한 멕시코 원정에 뛰어들었던 이 합스부르크왕가의 일원에 대한 사형 집행은 온 세상에 가장 격렬한 센세이션을 불러일으켰다. 마지막 순간까지 사형이 집행되리라고 생각한 사람은 아무도 없었으나, 이 용감하되 무의미한 인물을 위해 도처에서 제기한 사면 요청을 멕시코인들은 무시해버리고 말았다. 아마도 막시밀리안의 댄디즘에 이끌렸을 마네는 이 큰 그림을 당장 그렸지만, 정부는 그것의 전시를 금지했다.

이 그림이 마네의 그림 가운데 가장 유명해진 것은 우선 이 그림의 전시가 1865년 살롱전에서 불러일으킨 끔찍함의 외침들 덕분이다. 가장 눈길을 끄는 피카소의 캔버스들조차 이보다 더 무분별하고 합치된 저주의 대상이 되지는 않았다. 한데 그로부터 40년이 흐르고 난 1907년 이 그림이 루브르박물관에 들어가리라는 사실을 그것을 비웃던 사람들이 알았더라면, 그 외침과 비웃음은 어떠했을까? 〈올랭피아〉가 상징하는 분노와 찬탄의 이 같은 교차는 아마도 우리 시대 미술사의 가장 의미 깊은 사건이다. 다수가 우선 배척했던 것이 종종 형태의 힘찬 쇄신의, 진정한 아름다움의 표지임이 확인되곤 했다. 하지만 현대의 예술 작품들에서 우선 충격으로 다가온 그 표지를 마침내 인식하기란 쉬운 일이 아니다. 스캔들은 더이상 존속할 가치가 없는 규약을 전제로 했다. 눈부신 테크닉이 고양하는 새로운 작품은 그와 반대로 하나의 해방이었다. ▶

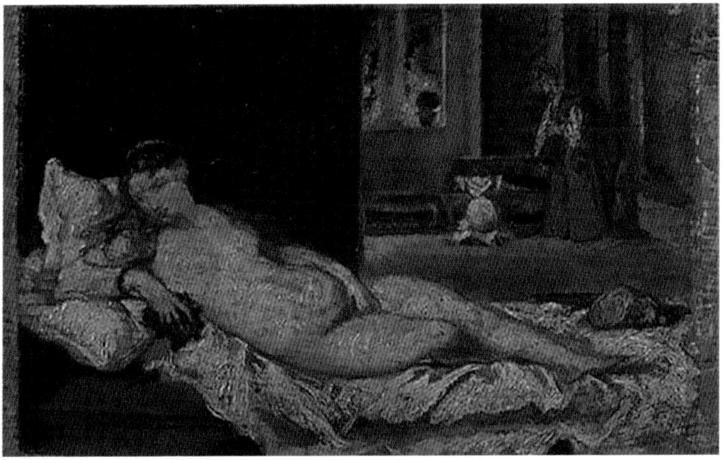

〈우르비노의 비너스—티치아노 그림의 모사〉(1856)

〈올랭피아〉(1863)

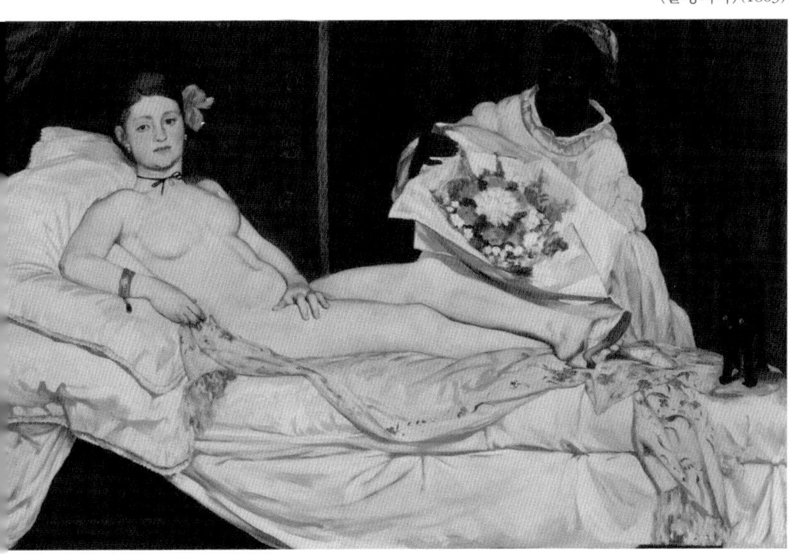

〈아틀리에의 점심〉(1868~1869)

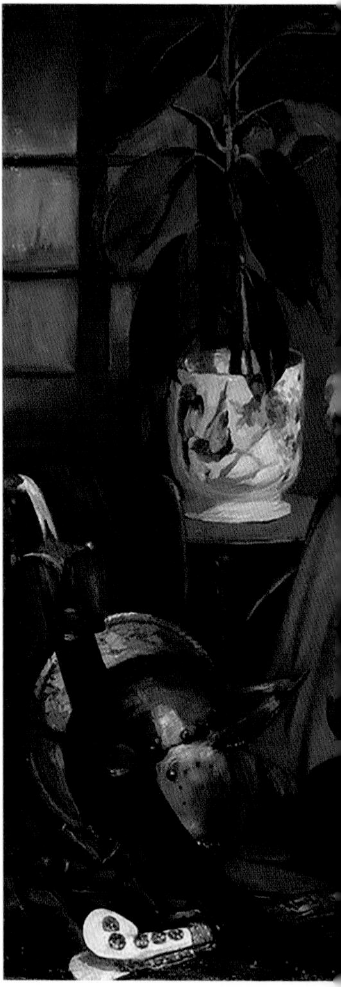

피서를 위해 불로뉴쉬르메르 항구에 빌린 집의 식당(아틀리에가 아니다)에서, 마네는 의붓아들 레옹 퀼라로 하여금 전경에서 포즈를 취하도록 했다. 실내와 주제들은 예기치 못한 배열을 보여준다. 그것은 아마도 그 어떤 규약도 정당화해주지 않기 때문에 마네를 매혹했을 텐데, 일종의 열림을 행복하게 부각시킨다. 이 그림의 비밀은, 중심인물이 부각되어 있기는 하지만 실제로는 관심을 끌지 못하며, 이런 관심이 무의미한 주제들의 무위로, 그리고 캔버스를 구성하는 정물들의 믿기지 않는 풍부함으로 미끄러진다는 사실에 있다.

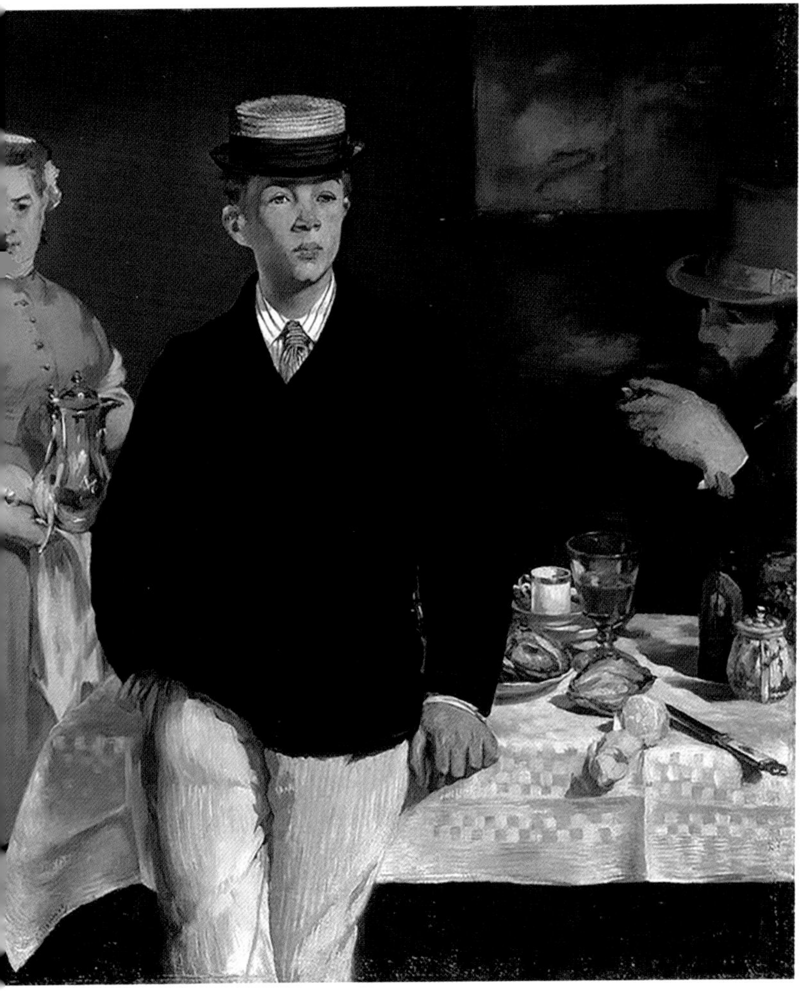

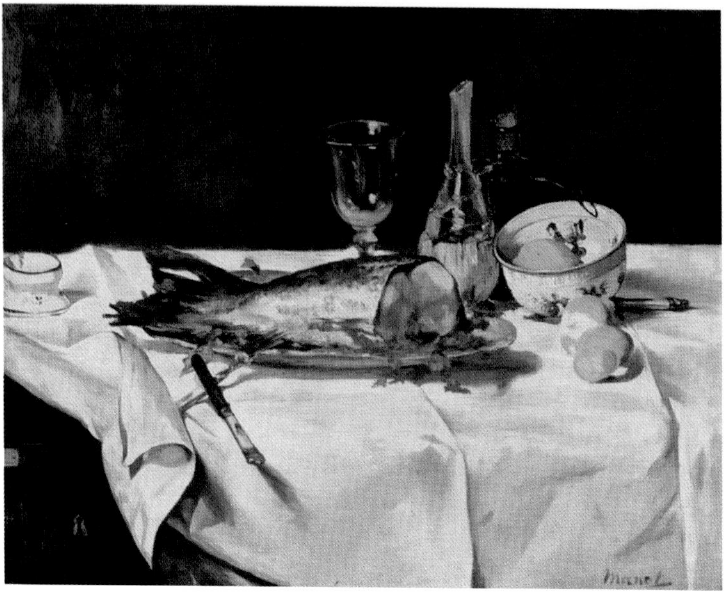

〈연어〉(1866~1869)

마네는 대가다운 솜씨로 정물을 다루었다. 그것은 무의미를 통해, 회화에 본질적 가치를 부여하고자 했던 그의 집념에 부응했다. 재현된 대상들은 꼭 필요한 구실에 불과했다. 마네와 더불어 정물화는 낮은 지위를 벗어났고, 단순한 기교는 음악에서 부여받은 것 같은 깊이를 주장할 수 있게 되었다.

이 세부 그림은, 강렬한 시선이 폭풍우의 무거움을 보여주는 경탄할 만한 초상을 향해 우리 주의를 이끄는 데 그치지 않는다. 그것은 또한, 화가의 의도가 아니라 오로지 우연만이, 전체 그림에서 주의가 우선은 문제의 초상에 주어지지 않게끔 배치한 듯 보인다는 사실을 이해하는 데도 필요하다. 마침내 그림을 볼 때 우리는 하나의 깊은 비밀을 발견하는 것 같은 느낌을 갖는다. 이 비밀은, 눈을 여는 사람의 기대에 의해 교란되지 않은 상태에서 포착된, 생명의 밀도와 아름다움이다.

〈발코니〉(세부 그림. 1868~1869)

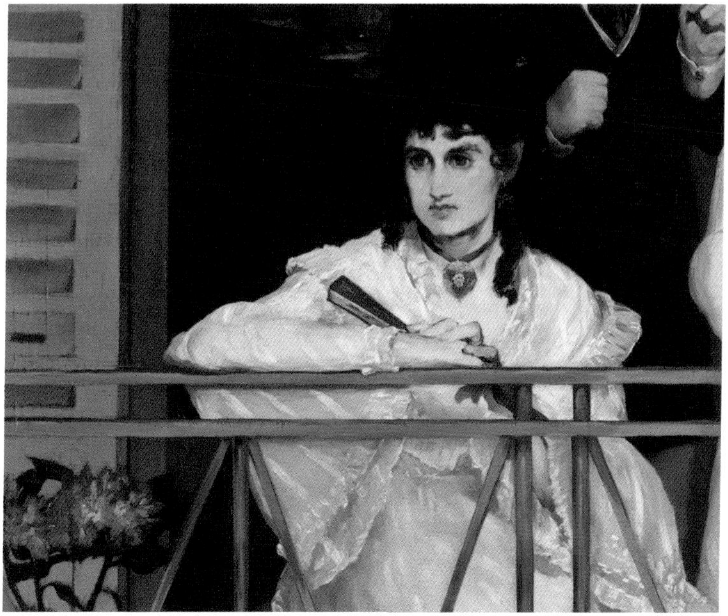

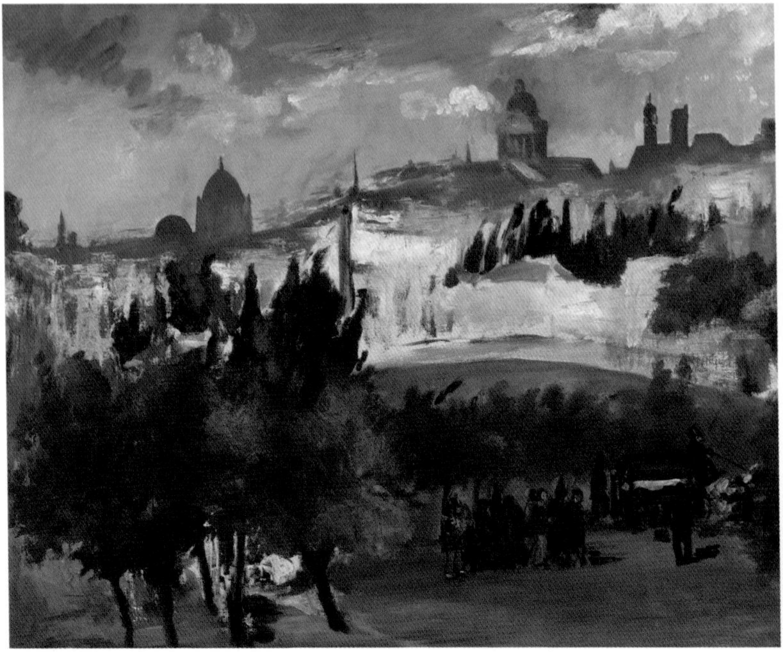

〈장례식〉(1870)

아돌프 타바랑은 이 유화가 무프타르 구역 근처 레스트라파드가街의 공터를 보여준다는 사실을 밝혀냈다. 지평선 위로 보이는 것은 옵세르바투아르(파리천문대), 발드그라스, 팡테옹의 궁륭들, 그리고 생테티엔뒤몽 성당의 종탑이다. 구름 낀 하늘 아래 눈 덮인 땅 위를 나아가는 이 장례 행렬 그림은 1870년 초에 제작된 것이지만, 마네로 하여금 거친 힘이 여실한 이 스케치를 산출하도록 만든 상황 및 기분과 관련해서는 우리는 아무것도 알지 못한다.

이 그림은 우리가 알던 가장 매력적인 연회의 재현 가운데 하나이다. 그것은 일체의 규약으로부터 벗어나 있는데, 마치 보이지 않는 화가가, 참석자들의 변덕이 그의 망막 위에 형성한 이미지를 그대로 고정시켜놓은 듯하다. 이 그림은 확실히 마네의 가장 아름다운 유화 가운데 하나이거니와, 여기서는 무심함이 매혹을 낳고 거대한 풍요가 자유롭게 유희를 벌인다.

〈'오페라'의 가면무도회〉(1873)

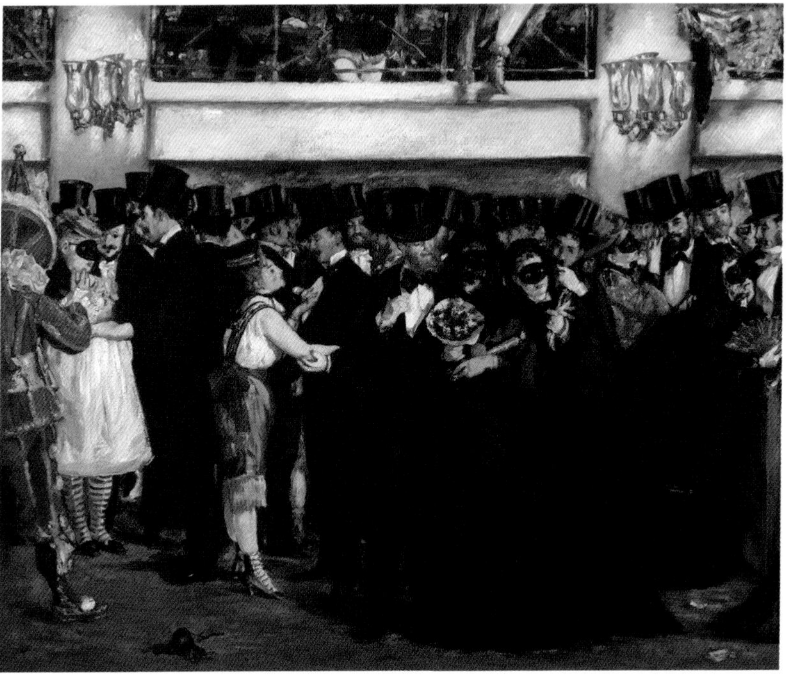

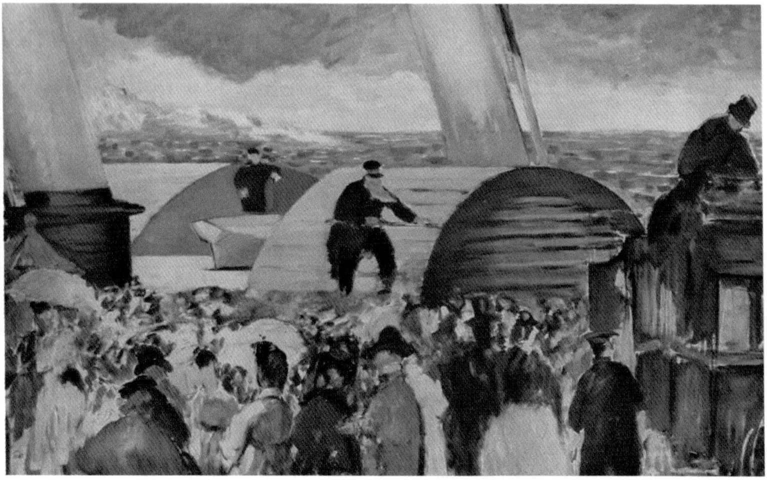

〈포크스톤 증기선의 출항〉(1869)

증기선이 항구에 정차한 사륜마차와 이웃하며 그와 잘 구별되지 않는 이 바다 광경은 『활짝 핀 아가씨들의 그늘에서』에 나오는 화가 엘스티르의 메타포들을 생각나게 하는데, 마르셀 프루스트는 아마도 마네의 이 유화를 생각하면서 그 메타포들의 일부를 재현했을 것이다. 프루스트는 쓴다. "자연을 있는 그대로, 시적으로 보는 드문 순간들…… 엘스티르의 작품은 바로 이런 순간들로 만들어졌다. 당시 그가 곁에 두고 있던 바다 그림들에서 가장 자주 등장하는 메타포 가운데 하나는 바로 땅을 바다와 비교하며 둘 사이의 모든 구별을 지우는 메타포였다……." 마네는 이따금 세상을 "진짜 신기루"처럼 재현했고, 그 결과 그가 형상화하는 대상들은 대상의 가치를 잃고 빛과 어둠의 유희에 불과한 것이 되기도 했다. 유동적인 바다의 사물들이 땅으로 침입하여 섞여들며 보다 덜 무거운 이미지를 끌어들이고, 새로운 예술은 그것을 포착하려고 애쓰면서 이전 예술의 초자연적 규약들을 포기한다. 새로운 예술은 하늘의 개입 없이 땅의 물질적인 것에서 벗어나고자 한다.

이 그림은 아마도 야외에서 그려야 한다는 인상주의의 구호에 대해 마네가 표한 가장 뚜렷한 열광을 증언한다. 하지만 화면 구성의 대담함 또한 그에 못잖게 중요한데, 우리는 부차적으로만 강의 배 안에 있다는 인상을 갖는다. 이런 인상은 친숙한 세계로부터, 특히 빛과 색채의 효과로부터 벗어난 인물들에게 일탈과 놀라움의 시적 요소를 추가한다. 모든 웅변의 반대편에 위치하는 이 구도에는 특별한 에너지가 있다.

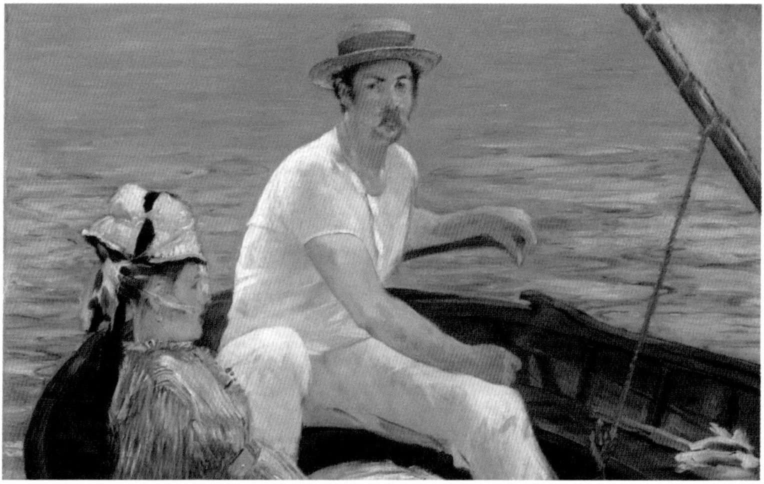

〈배 위에서〉(1874)

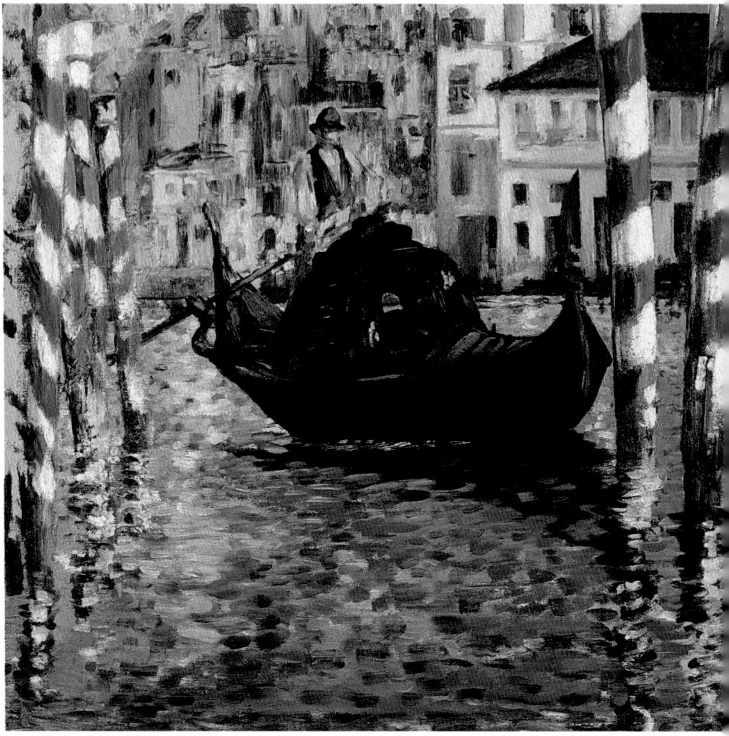

〈베네치아의 대운하〉(1875)

1875년 9월, 마네는 베네치아 여행을 했다. 그는 카날레토와 과르디의 화파를 모방하여 베네치아의 마법에 예술의 마법을 추가하고자 했다. 하지만 마네가 이 여행에서 가져온 두 점의 유화는 인상주의적으로 구성된 바깥을 보여준다. 그림에 남아 있는 유일한 베네치아의 '생생함'은 아마도 베네치아처럼 빛과 색채의 축제 가운데 있다는 사실이리라. 마네는 회화 이외의 다른 목적을 갖지 않는 회화의 원칙을, 모든 것이 눈의 기쁨에 협력하는 도시의 느낌과 경이롭게 화해시키고 있다.

샤를 에프뤼시는 마네에게서 〈아스파라거스 묶음〉을 샀는데, 순전히 자발적으로, 합의된 가격보다 이백 프랑을 더 지불했다.(당시의 이백 프랑은 오늘날의 사만 프랑보다 더 큰 돈이다.) 마네는 감사를 표하고 싶었고, 〈아스파라거스〉를 그려 보냈다. "앞서 받으신 묶음에 한 개가 빠져 있었습니다." 배송에 딸린 편지의 말이다. 이 그림은, 자의성에 호소하지 않고도 규약에서 벗어날 수 있을 때마다 그저 편안함을 느꼈던 화가의 명랑함을 가장 즐겁게 증언해주는 그림들 가운데 하나이다. 이것은 평범한 정물화가 아니다. 죽은• 동시에 명랑한 까닭이다.

• '정물화'를 뜻하는 프랑스어 'nature morte'를 글자 그대로 번역하면 '죽은 자연'이 된다.

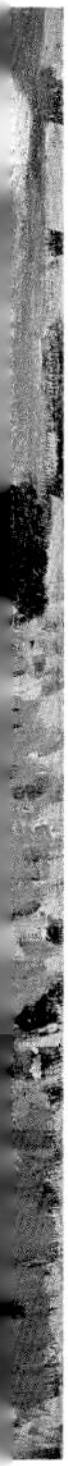

〈아스파라거스〉(1880)

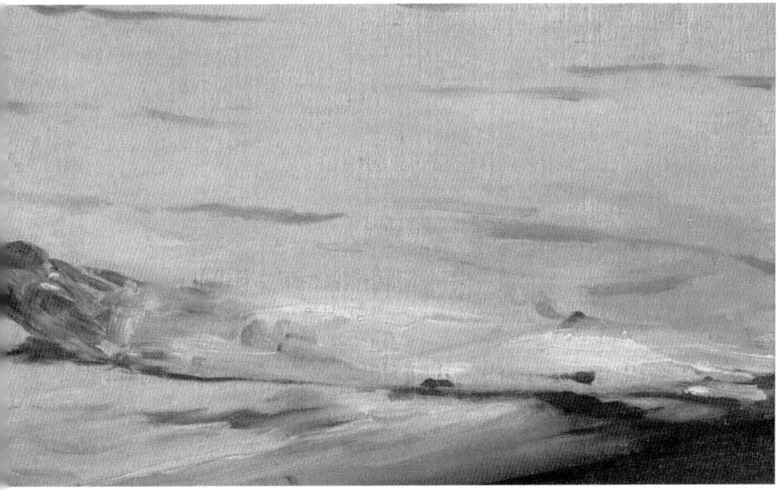

생이 끝나갈 무렵, 마네는 여름을 파리 인근에서 보냈다. 당시 그는 삶의 감미로움을 포착하고 싶었던 것 같다. 병든 사람의 이 비전에는 빛나는 어떤 것이 있으니, 그는 그의 기쁨을 이제 더이상 비밀스러운 탐색이 아니라, 죽어가는 자신을 인상주의적 삶의 즐거움과 가깝게 해주는 꽃의 개화 속에서 찾았다.

〈벨뷔 정원의 한쪽 구석〉(1880)

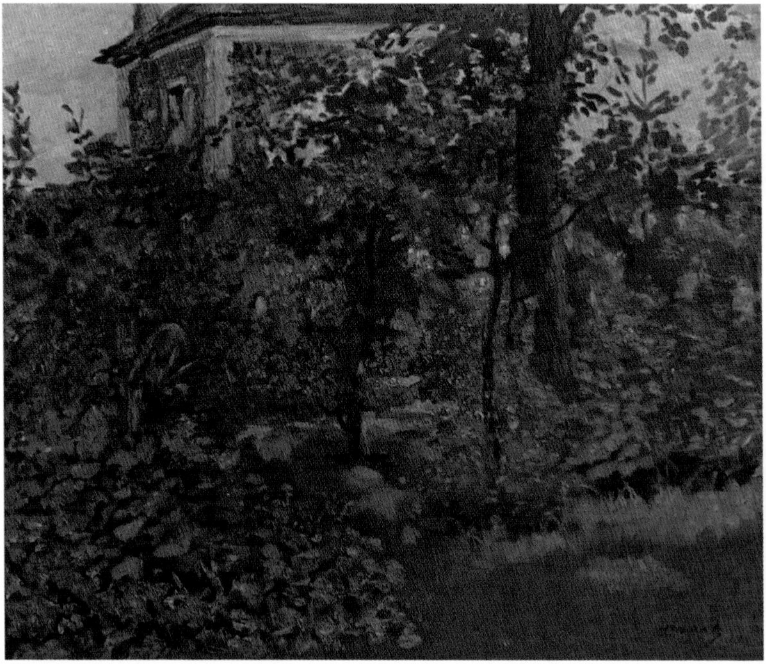

마네

조르주 바타유

마네

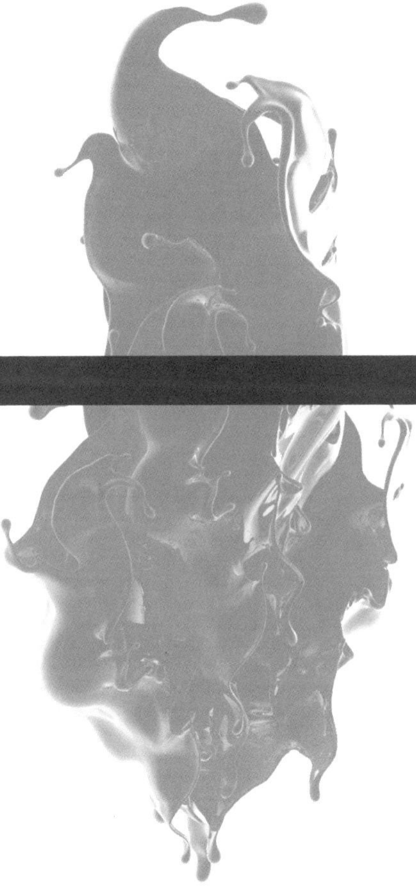

송진석
옮김

MANET

GEORGES
BATAILLE

문학동네

차례

일러두기

1. 이 책은 Georges Bataille, *Manet*, in *Œuvres complètes*, Tome IX (Paris: Gallimard, 1979)을 옮긴 것이다.
2. 본문의 각주는 옮긴이의 것이다. 원서의 강조 부분은 고딕체로 표시했다.
3. 단행본과 잡지는 『 』로, 논문이나 시는 「 」로, 예술작품 등은 〈 〉로 표시했다.

:: 연보와 사건

1832 1월 23일, 파리(오늘날 보나파르트가로 불리는 프티조귀스탱가 5번지)에서 에두아르 마네 출생. 아버지 오귀스트 마네는 법무부의 인사국장, 어머니 외제니 데지레 푸르니에는 스웨덴 주재 외교관의 딸이자 베르나도트 원수의 대녀代女이다.

1833년 에두아르의 동생 외젠 출생.

1834년 에드가 드가 출생.

1839 참사회원 푸알루가 보지라르에 설립한 학교에 반半기숙생으로 입학.

1839년 폴 세잔 출생.

1840년 에밀 졸라 출생.

1841년 베르트 모리조, 오귀스트 르누아르 출생.

1842 팡테옹 근처의 롤랭중학교에 기숙생으로 입학.

1842년 스테판 말라르메 출생.

1845(또는 1846년) 미술 애호가인 외삼촌 에드몽에두아르 푸르니에가 권유하고 비용을 대어 롤랭중학교의 특별 데생 수업을 수강하고, 여기서 앙토냉 프루스트를 만남. 외삼촌은 두 어린 데생 화가로 하여금 미술관을 방문하게 한다. 마네의 공책은 온통 크

로키로 뒤덮임.

1847년 살롱전展에서 토마 쿠튀르가 〈쇠락기의 로마인들〉을 전시해 커다란 성공을 거둔다.

1848 열의 없이 임했던 공부를 무난히 마치고 롤랭중학교 졸업. 아버지는 마네를 기필코 법과대학에 보내려 한다. 예술가가 되고 싶지만 아버지의 완강한 반대에 부딪친 마네는 고통스러운 설전 끝에 해군사관학교에 들어가기로 하지만 선발시험에서 떨어진다. 12월 9일, 견습선원의 자격으로 '르아브르와 과들루프'호에 오른다.

1848년 고갱 출생.

1849 리우데자네이루 체류.

7월, 해군사관학교 시험에서 완전히 낙방.

아메리카대륙에서 돌아온 아들의 가방에 데생이 가득한 것을 보고 아들의 명백한 소명을 확인한 아버지는 뜻을 굽힌다.

1850 토마 쿠튀르가 아니면 다른 누구에게도 배우지 않기로 한 마네는 오늘날 빅토르마세가로 불리는 라발가에 있는 쿠튀르의 아틀리에에 등록하고, 친구인 앙토냉 프루스트를 끌어들인다. 그러나 금세 쿠튀르에 대한 신뢰를 잃어버리고 그의 가르침에 이의를 제기하는데, 그럼에도 불구하고 다른 학생들에게 영향력을 행사한다.

1851 12월, 앙토냉 프루스트에 따르면, 몽마르트르 묘지에서 시체들

을 확인하는 장면을 담은 데생을 제작.

1852 1월 29일, 쉬잔 레인호프의 아들이자 아마도 마네의 사생아인 레옹에두아르 레인호프 출생. 1830년 네덜란드에서 태어난 레인호프는 피아노를 가르치러 마네의 집에 드나들다가 마네와 알게 되었다.(마네는 아이의 대부가 되었고, 아이는 쉬잔의 어린 동생으로 알려졌는데, 쉬잔은 처음에 아이의 대모 행세를 했다.)

1853년 빈센트 반 고흐 출생.

1855 루브르에서 당시 벨라스케스의 그림으로 통하던 〈작은 기사들〉• 을 모사.

유화를 하나 그리지만 쿠튀르한테서 꾸지람을 듣는다. 아틀리에 동료들이 마네를 지지하며 갈채를 보내고 유화가 놓인 이젤을 꽃으로 장식한다. 이에 쿠튀르가 말한다. "이보게. 만약 자네가 유파의 수장이고자 한다면 다른 곳에 가서 하나 만들게."

1855년 만국박람회장에 앵그르, 들라크루아, 테오도르 루소의 중요한 그림들이 전시된다. 쿠르베는 개인 전시관에서 사실주의를 주제로 전시회를 연다.

1856 아마도 부활절 즈음에 쿠튀르의 아틀리에에서 나온다. 화가

• 벨라스케스 또는 그의 제자이자 사위인 후안바티스타 마르티네스 델마조의 작품으로 간주되기도 하던 〈열세 사람의 회합〉을 마네는 루브르에서 모사하여 그림과 판화를 제작했고 그것들에 '작은 기사들'이란 제목을 붙였다.

알베르 드 발르루아와 함께 라부아지에가의 아틀리에에 정착. 이어서 헤이그, 암스테르담, 드레스덴, 뮌헨, 빈, 그리고 피렌체, 로마, 베네치아를 방문한다.

1856년 뒤랑티가 잡지 『레알리슴*Le Réalisme*』을 간행한다. 쿠르베는 〈센 강가의 아가씨들〉을 그림.

1857 루브르에서 팡탱라투르를 만난다.

1857년경 앙토냉 프루스트와 함께 들라크루아 방문. 마네는 루브르에 있는 들라크루아의 그림 〈지옥의 단테와 베르길리우스〉를 모사한다.

1857년 보들레르 시집 『악의 꽃』 출판.

1859 전년도에 그린 〈압생트 마시는 사람〉을 살롱전에 출품했으나 낙선. 들라크루아만 마네에게 찬성표를 준다.

마네에게 처음으로 명성을 안겨준 〈체리와 함께 있는 소년〉을 그림. 라부아지에가의 아틀리에에서 붓을 씻고 팔레트 닦는 일을 하던 어린 소년의 초상이다. 베르트 모리조의 수첩에는 다음과 같이 적혀 있다. "〈체리와 함께 있는 소년〉은 내 남편(외젠 마네) 소유의 그림이었다. 절망에 빠진 나머지 에두아르의 아틀리에에서 목을 매고 말았던 이 아이는 보들레르의 짧은 이야기들 가운데 하나•에 영감을 주었다."

1860 마네는 자신이 꾸짖고 부모에게 돌려보내겠다고 으름장을 놓은 이후 아이가 자살하자 충격을 받는다. 마네는 라부아지에

가의 아틀리에를 떠나 빅투아르가에 자리잡지만 거기 머무르진 않는다. 얼마 뒤 그는 두에가로 옮겨가고, 거기서 18개월간 체류한다. 보들레르와 알게 된다. 여름에 〈튈르리정원 음악회〉를 그림.

클리시가의 아파트를 배경으로 한 〈오귀스트 마네 부부의 초상〉, 그리고 〈기타 연주자〉를 그림.

1861 〈오귀스트 마네 부부의 초상〉과 〈기타 연주자〉가 살롱전에서(1860년에는 살롱전이 개최되지 않음) 대단히 엄격한 심사위원단으로부터 평점 '우수'를 받으며 입선. 마네의 성공. 테오필 고티에는 『모니퇴르 위니베르셀 *Le Moniteur universel*』지에 이렇게 쓴다. "굉장하다! 오페라코미크 출신이 아닌 기타레로(기타 연주자)이다." 드가를 만남.

〈체리와 함께 있는 소년〉이 마르티네 갤러리에 전시.

1862 두에가를 떠나 기요가 81번지에 자리잡는다. 마네는 에칭화가 협회 전시회에 판화 몇 점을 출품한다. 보들레르는 『불르바르 *Le Boulevard*』지에 이 전시회를 평하면서 마네에 대해 이렇게 쓴다. "마네의 그림 몇 점을 다음 살롱전에서 볼 수 있을 것이다. 대단히 강한 스페인 풍미가 깃들어 있어서 스페인의 천재가 프랑스로 망명해오지 않았나 생각하게 될 정도다."

• 보들레르의 산문시집 『파리의 우울』에 실린 산문시 「끈」을 가리킨다.

9월 25일, 오귀스트 마네 사망.

빅토린 뫼랑이 기요가에 정착.

〈보들레르의 연인의 초상〉(잔 뒤발)을 그림.

〈풀밭 위의 점심〉을 그림.

1863 2~3월, 마르티네 갤러리에 〈튈르리정원 음악회〉 〈거리의 여가수〉 〈스페인 발레〉 〈발렌시아의 롤라〉 〈스페인 의상을 입고 누워 있는 젊은 여인〉 전시. 특히 〈튈르리정원 음악회〉가 스캔들을 일으킨다. 3월 1일, 보들레르는 오귀스트 마네 부인에게 보낸 편지에서 초대를 사양하며 마네에 대해 이렇게 말한다. "그의 재능만큼이나 그의 성격을 좋아하지 않을 수가 없습니다."

4월, 살롱전에 〈풀밭 위의 점심〉 〈투우사 복장의 V양〉(빅토린 뫼랑), 〈마호• 복장을 한 젊은 남자〉를 출품하지만 낙선.

5월, '낙선전落選展, Salon des Refusés' 개최. 살롱전에 출품했던 마네의 작품들이 공개되어 커다란 스캔들을 일으킨다.

가을, 빅토린 뫼랑을 모델로 한 〈올랭피아〉를 그림.

10월 6일, 보들레르는 사진가 카르자에게 이렇게 쓴다. "마네가 방금 전혀 뜻하지 않은 소식을 내게 알려왔네. 그는 오늘 저녁 네덜란드로 떠나는데, 거기서 자기 아내를 데려오겠다는군.

• 남성은 'majo', 여성은 'maja'. 18세기 말에서 19세기 초에 이르는 시기에 스페인 하류층 출신으로 멋을 부리고 공을 들인 차림새를 과시하며 건방진 태도와 행동을 보이던 사람들을 가리키는 말.

한데 그가 그럴 만한 이유가 몇 가지 있기는 해. 그의 아내는 매우 아름답고 매우 선하며 매우 뛰어난 음악가인 듯하거든. 그 많은 보물이 한 사람의 여인에게 모여 있다니, 굉장하지 않은가?"

10월 28일, 마네와 쉬잔 레인호프가 잘트 보멜에서 결혼.

1863년 8월, 들라크루아 사망.

1864 4월, 보들레르가 브뤼셀로 떠남.

〈투우 경기 장면〉과 〈그리스도 무덤의 천사들〉이 살롱전에서 만장일치 의견으로 입선.

〈그리스도 무덤의 천사들〉을 두고 보들레르는 이렇게 쓴다. "그런데 창이 오른쪽을 찌른 듯 보이네요. 그러니 살롱전 개막 이전에 상처 자리를 바꿔야 할 겁니다. 악의를 지닌 사람들에게 웃음거리를 주지 않도록 조심하세요." 이 조언은 너무 늦게 도착하여 마네가 적용하지 못했다.

팡탱라투르는 같은 살롱전에서, 마네와 보들레르가 등장하는 〈들라크루아에 대한 경의〉 전시.

6월 19일, 셰르부르 앞바다에서 미국 남북전쟁 관련 사건 발생. 북군의 군함 '키어세이지'호가 남군의 사략선 '앨라배마'호를 공격하여 침몰시킨 것이다. 셰르부르항에 도피해 있던 '앨라배마'호는 법에 규정된 기한이 지나서 항구를 떠나야 했던 만큼, 이 전투는 예견된 것이었다. 마네는 필시 전투를 지켜봤을 것이다.

7월, 마네는 리슐리외가의 카다르 출판사에서 〈'키어세이지'호와 '앨라배마'호의 전투〉 전시.

여름, 불로뉴에 체류.

1864년 11월, 앙리 드 툴루즈로트렉 출생.

〈병사들에게 모욕당하는 예수〉와 〈올랭피아〉가 살롱전에 입선. '올랭피아'라는 이름은 1865년에 가서야 붙여지는데, 아마도 시인이자 조각가인 자카리 아스트뤼크에게서 온 듯하다. 전시장에서는 전대미문의 스캔들이 일어나고, 비판이 폭주한다. 2월, 마르티네 갤러리에서 〈죽은 투우사〉 〈불로뉴숲의 경마〉 〈불로뉴 앞바다의 '키어세이지'호〉 등 마네의 그림 일곱 점이 전시된다.

5월 11일, 보들레르가 마네에게 다음과 같은 편지를 쓴다. "다시 한번 당신에 대해 말해둬야겠군요. 당신이 얼마나 가치 있는지를 내가 당신에게 직접 증명해 보여야겠습니다. 당신의 요구는 정말로 어리석은 것입니다. 사람들이 당신을 비웃는다느니, 야유가 성가시다느니……. 당신이 최초로 이런 상황에 처한 사람이라고 생각하는 건가요? 샤토브리앙이나 바그너보다도 당신이 더 천재성이 있다고 보십니까? 사람들은 그들조차 비웃지 않았나요? 그렇다고 해서 그들이 죽진 않았습니다. 당신에게 너무 큰 자만심을 불어넣지 않기 위해서 하는 말이지만, 그들은 각자의 장르에서, 그리고 매우 풍요로운 세계에서 당신의 본보기가 될 만하고, 당신은 퇴락해가는 당신의 예술에서 첫째갈 뿐입니다. 내가 허물없이 말한다고 원망하지 말기 바랍니다. 당신에 대한 나의 우정은 잘 알고 있을 테지요.
— 코르네 씨의 개인적인 인상도 궁금했는데…… 그가 당신에 대해 말한 것은 내가 아는 바와 같더군요……. '결점과 약점이 있고 침착함도 부족합니다. 그러나 저항할 수 없는 매력이 있어요.' 나는 이 모든 것을 압니다. 그것을 제일 먼저 이해한 사람 중 하나이죠. 코르네 씨가 덧붙이기를, 흑인 하녀, 고양이(정말로 고양이가 맞습니까?)와 함께 나체의 여인을 재현한 그림은 종교적인 그림•보다 훨씬 더 뛰어나다고 했습니다."(보들레르는 〈올랭피아〉를 1863년이나 1864년에 마네의 아틀리에에서 봤을 것이다.)

6월, 〈올랭피아〉를 떼어서 "가장 형편없는 그림조차 걸려본 적이 없는 높은 곳"에 옮겨 걸어 전시. 그러나 조롱하는 군중이 계속해서 그림 앞에 모여든다.

8월, 스페인 여행. 프라도에서 고야의 그림들을 보지만 유보적인 태도를 보인다. 마네가 각별히 높이 평가한 이는 벨라스케스. 마드리드에서 테오도르 뒤레를 만남.

• 〈병사들에게 모욕당하는 예수〉를 가리킨다.

10월 26일, 보들레르는 앙셀에게 이렇게 쓴다. "방금 알게 되었는데, 훌륭한 친구인 에두아르 마네가 콜레라에 걸렸었다는군요. 이제 나았답니다." 28일, 보들레르는 마네에게 직접 편지를 쓴다. "당신이 보낸 편지의 처음 몇 줄은 나를 오싹하게 만들었습니다. 내가 이렇게 말할 수 있는 사람은 프랑스에 채 열 명이 안 됩니다. - 그래요, 분명 열 명이 못 돼요."

이 시기에 마네는 유파 수장의 면모를 갖게 된다. 금요일 저녁마다 클리시로 19번지의 카페 게르부아(오늘날의 브라스리 뮐러)에 많은 친구들이 모여드는데, 두 개의 테이블이 그들의 차지였다. 앙토냉 프루스트, 팡탱라투르, 프레데리크 바지유, 휘슬러, 나다르, 자카리 아스트뤼크, 르조슨 소령(보들레르의 친구), 레옹 클라델, 뒤랑티, 아르망 실베스트르, 르누아르(1868년부터)가 그들로서, 가끔 드가, 클로드 모네, 세잔, 에네르도 있었다.

1865년, 드가가 살롱전에 역사화 한 점(〈중세의 전쟁 장면〉 아니면 〈오를레앙시의 불행〉)을 출품.

1866 〈피리 부는 소년〉과 〈비극 배우〉가 살롱전에서 낙선. 마네는 친구들을 위해 기요가의 자기 아틀리에에서 이 그림들을 전시한다.

5월 1일, 에밀 졸라가 『에벤느망 *L'Evénement*』지에 클로드라는 가명으로 이렇게 쓴다. "우리 아버지들은 쿠르베 씨를 비웃었다. 우리는 그 앞에서 황홀함을 느낀다. 우리는 마네 씨를 비웃는다. 우리 아들들은 그의 캔버스 앞에서 황홀함을 느낄 것이다." 이런 어조의 글 두 편이 발표되고 나서 스캔들이 어찌나 컸던지 졸라는 결국 『에벤느망』지에 평론 기고를 그만두어야 했다.

1866년 4월, 보들레르의 몸에 마비가 일어난다.

5월 1일, 살롱전 개막. 낙선한 화가들이 산업관 앞에 떠들썩하게 모여든다.

쿠르베는 〈노루들의 은신처〉와 〈여인과 앵무새〉를 전시. 관객의 열광적 반응.

1867 1월 1일, 졸라가 『19세기 잡지』에 23쪽 분량의 글 「새로운 회화법: 에두아르 마네 씨」를 발표한다.

많은 화가들이 살롱전에 낙선. 마네는 출품하지 않는다. 팡탱라투르가 그린 마네의 초상화는 입선.

만국박람회. 마네는 400만 프랑이 넘는 돈을 들여 알마광장 근처에 개인 가건물을 짓는다. 쿠르베의 가건물에서 멀지 않은 곳이다. 마네는 이곳에 〈압생트 마시는 사람〉 〈튈르리정원 음악회〉 〈기타 연주자〉 〈놀란 님프〉 〈검을 든 아이〉 〈거리의 여가수〉 〈늙은 악사〉 〈마호 복장을 한 젊은 남자〉 〈투우사 복장을 한 젊은 여인〉 〈스페인 발레〉 〈발렌시아의 롤라〉 〈스페인 의상을 입고 누워 있는 젊은 여인〉 〈풀밭 위의 점심〉 〈죽은 그리스도와 천사들〉 〈올랭피아〉 〈'키어세이지'호와 '앨라배마'호의 전투〉〈불로뉴에서의 출항〉〈자카리 아스트뤼크의 초상〉〈비극 배우〉〈병사들에게 모욕당하는 예수〉〈여인과 앵무새〉〈기타 치는 여인〉〈피리 부는 소년〉〈인사하는 투우사〉 전시.

"남편들은 아내들을 데리고 알마 다리로 갔다. 모두들 실컷 웃을 수 있는 이 드문 기회를 자신과 가족에게 제공하고 싶어했다. 파리에서 자칭 권위 있는 화가로 행세하는 자들도 죄다 마네의 전시회에 모여들었다. 그것은 오뚝이들이 벌이는 광란의 합주였다……. 언론도 너나없이 맞장구를 쳐댔다."(앙토냉 프루스트)

6월, 〈트로카데로에서 본 만국박람회 풍경〉을 그림.

1867년 6월 19일, 멕시코 황제 막시밀리안에게 사형이 선고되고 케레타로에서 집행된다.

6월 말과 7월, 마네는 〈막시밀리안황제의 처형〉 첫번째 버전을 그려 전시관에 추가하고자 한다. 하지만 이 그림의 전시는 금지된다. 마네는 이어서 다른 버전들을 그린다.

여름, 마네는 먼저 불로뉴에, 이어서 트루빌에 체류.

9월 1일, 보들레르 사망. 마네는 9월 3일의 장례식에 참석하기 위해 파리로 돌아온다.

1868 마네가 출품한 〈졸라의 초상〉과 〈여인과 앵무새〉(1866년 작품)가 살롱전에 입선.

여름, 불로뉴 체류. 〈점심〉(아틀리에의 점심)을 그림.

기요가에 베르트 모리조가 나타나다.

1869 〈점심〉과 〈발코니〉가 살롱전에 입선.

에바 곤잘레스가 그림 공부를 하러 기요가에 와서 모델이 되어준다.

여름, 불로뉴 체류 및 런던 여행.

1869년, 앙리 마티스 출생.

1870 뒤랑티와 결투.

팡탱라투르가 살롱전에서 〈바티뇰의 아틀리에〉 전시. 이 그림에 자카리 아스트뤼크의 초상을 그리는 마네의 모습이 등장한다. 졸라, 르누아르, 시슬레, 바지유, 클로드 모네의 모습도 보인다. 마네는 〈E. G. 양의 초상〉(에바 곤잘레스)과 〈음악 교습〉 전시.

9월, 마네 가족이 올로롱생트마리로 떠남. 마네는 프랑스 국민군에 포병으로 입대한다. 그는 참모본부의 부관으로 배속되며, 유명한 군인 화가인 메소니에가 그의 부대 연대장이다.

마네는 1871년 1월의 프랑스 항복 때까지 파리에 머무른다. 마네와 완전히 화해한 뒤랑티가 마네에게 분명한 논조의 찬사를 보내는 평론을 『파리 주르날 *Paris Jounnal*』지에 싣는다.

1870년 7월 19일, 프랑스가 독일에 선전포고를 하다.

1871 2월 12일, 파리를 떠나 올로롱생트마리의 가족과 합류. 2월 21일, 보르도로 가서 〈보르도 항구〉를 그림. 이어 아르카숑으로

간다.

4월 15일, 파리코뮌 공식 신문에 코뮌과 연대하는 예술가들의 임시위원회 선언문이 발표되며, 마네의 이름도 거기에 자동적으로 실린다.

5월, 파리코뮌이 끝나기에 앞서 마네와 그의 가족은 파리로 돌아온다.(5월 29일, 파괴코뮌의 저항 종료.)

8월, 격변으로 신경이 쇠약해진 마네는 불로뉴로 가서 휴식을 취함.

전쟁이 시작되면서 피갈광장의 새로운 카페 '라 누벨 아텐'이 카페 게르부아를 대신한다.

전쟁 기간 동안 런던에서 두 피난민(모네와 피사로)의 유화들을 팔았던 화상 뒤랑뤼엘이 마네에게서 세 차례에 걸쳐 5만 프랑 이상(오늘날 화폐 가치로 1000만 프랑 이상)의 그림을 매입. 마네는 〈튈르리정원 음악회〉 〈풀밭 위의 점심〉 〈올랭피아〉 〈막시밀리안황제의 처형〉은 팔지 않는다. 그는 자신의 수첩에 이 그림들의 예상 가격을 매우 높게(순서대로 6000프랑, 2만 5000프랑, 2만 프랑, 2만 5000프랑) 적어놓고 있었다.

1872 살롱전에 〈'키어세이지'호와 '앨라배마'호의 싸움〉 전시. 이 그림은 이미 두 차례 전시된 바 있고, 뒤랑뤼엘에게 팔린 그림이다.

7월, 생페테르스부르가 4번지 1층에 새 아틀리에를 마련한다.

8월, 네덜란드 여행.

1873 연초에 그린 〈맛있는 맥주〉와, 1869년에 그렸고 뒤랑뤼엘에게서 잠시 빌린 〈휴식〉(소파의 베르트 모리조)을 살롱전에 출품. 〈맛있는 맥주〉가 괄목할 만한 성공을 거둔다. 7~9월, 베르크 체류. 많은 바다 그림을 유화와 수채화로 제작.

이해에 마네는 스테판 말라르메를 알게 되었을 것이다. 또한 샤를 크로와도 교류한다. 크로는 작가들과 화가들을 집에 초대하던 니나 드 빌라르(또는 드 칼리아)의 연인이다.

10월 28일, 르펠르티에가의 '오페라'•에 화재 발생. 이해에 마네는 그곳에서 〈'오페라'의 가면무도회〉를 위한 스케치 여러 점을 그렸다. 화재를 계기로 마네는 이 주제를 다시 다루게 되고, 이는 여러 점의 유화로 낙착된다.

1974 5월 14일, 살롱전에 〈철도〉와 〈'오페라'의 가면무도회〉 출품. 〈철도〉만 입선된다. 말라르메는 『르네상스 *La Renaissance*』지에 「1874년의 회화 심사위원단과 마네 씨」 발표.

1874년 4월 15일, 나다르의 스튜디오에서 전시회 개최.•• 세잔, 드가, 클로드 모네, 베르트 모리조, 피사로, 르누아르, 시슬레 등이 참가하지만

• '오페라'는 오페라와 발레를 공연하는 '국립파리오페라'를 가리킨다. 1873년의 화재로 극장이 소실된 이후, 건축가 샤를 가르니에의 설계로 오페라광장에 세워졌다. '팔레 가르니에'로도 불린다. 20세기 말 바스티유광장에 또하나의 극장 '오페라 바스티유'를 건축하여 오늘에 이르고 있다.

•• '화가, 조각가, 판화가 협회'가 주최한 이 행사는 이후 '제1회 인상주의 전시회'로 불리게 된다.

마네는 불참한다.

4월 25일, 『샤리바리*Le Charivari*』지에 루이 르루아의 평이 실린다. 그는 모네의 출품작 〈인상, 해돋이〉의 제목을 빌미로 조롱하기 위해 '인상주의'라는 말을 처음 사용하는데, 이 말이 계속 쓰이게 된다.

여름, 젠느빌리에와 아르장퇴유에 체류하며 인상주의풍의 그림을 그림. 클로드 모네의 이웃에서 작업하며 〈정원의 모네 가족〉을 그린다. 12월 22일, 베르트 모리조와 외젠 마네가 결혼한다.

12월 24일, 출판업자 풀레말라시스가 마네의 장서표를 판화가 브라크몽이 완성했음을 편지로 알린다. "(브라크몽이) 당신에게 제가 고안자임을 말했는지 모르겠군요. 저는 오래 찾지 않고 주제와 문구를 발견할 수 있었습니다. 받침 위에 당신의 흉상이 있고, '마네와 마네비트(MANET ET MANEBIT)'라는 문구가 새겨져 있습니다. '마네비트'는 당신 이름을 가지고 라틴어로 언어유희를 한 것인데, 라틴어에서 manet는 '존속하다'를 뜻하며 manebit는 그 미래형입니다."

1875 살롱전에 〈아르장퇴유〉 출품. 필리프 뷔르티와 카미유 펠르탕이 찬사로 가득한 기사를 쓴다.

6월, 말라르메가 번역하고 마네의 목판화들이 수록된 에드거 포의 시집 『갈까마귀』가 간행됨.

9월, 베네치아에 가서 인상주의적 방법으로 〈대운하〉를 그림.

1875년 코로 사망.

1876 〈예술가〉와 〈빨래〉가 살롱전에서 낙선. 마네는 생페테르스부르가 4번지의 자기 아틀리에에서 이 두 작품을 〈올랭피아〉 등의 다른 그림들과 함께 공개적으로 전시한다.

7월, 몽주롱에 있는 오슈데의 집에 체류.

8월, 페캉 체류.

9월, 〈스테판 말라르메의 초상〉을 그림.

1877 살롱전에서 〈햄릿으로 분장한 포르의 초상〉 입선. 실내복이 금지된 까닭에 〈나나〉는 낙선. 카퓌신로의 한 장식품 상점 주인이 이 그림을 전시한다.

1877년 4월, 르펠르티에가에서 제3회 '인상주의' 전시회 개최.

12월 30일, 쿠르베 사망.

1878 살롱전과 만국박람회 전시를 포기.

6월 6일, 부유한 미술애호가인 오슈데의 소장품에 대한 경매가 처참한 결과를 보임. 〈여인과 앵무새〉만이 700프랑 가격에 도달한다.

7월, 암스테르담가 77번지로 이사. 1876년 전시회 이후 임대계약이 갱신되지 않아 어쩔 수 없이 생페테르스부르가의 아틀리에를 떠나게 되는데, 이곳을 떠나기에 앞서 아틀리에 창문에서 바라본 모스니에가의 풍경을 담은 유화를 두 점 그린다.

1879 4월, 센 지사•와 시의회에 '파리-중앙시장, 파리-철도, 파리-항구, 파리-지하도, 파리-경마장과 공원'이라고 임의로 제목을 붙인 '회화 연작'을 제안하지만 아무런 대답도 듣지 못한다. 한 해 전에 그린 〈온실의 젊 기유메 부부〉, 1874년 〈아르장퇴유〉와 함께 그린 〈배 위에서〉를 살롱전에 출품. 위스망스가 『볼테르*Le Voltaire*』지에 찬사 가득한 글을 기고.

7월 26일, 졸라가 『메사제 되로프*Le Messager d'Europe*』지에 기고한 글의 발췌문이 번역되어 『르뷔 폴리티크 에 리테레르 *Le Revue politique et littéraire*』에 실린다. "마네는 조급한 작품 활동으로 소진된 듯 보인다. 그는 대충 만족하며, 진정한 창조자의 열정을 갖고 자연을 연구하지 않는다." 졸라는 마네에게 쓴다. "인용된 구절의 번역이 정확하지 않습니다." 하지만 번역이 정확하지 않은 것 못지않게 졸라의 견해도 근거가 부족하다.

9~10월, 벨뷔의 물 치료 시설에서 처음으로 치료를 받는다. 마네는 류머티즘이라고 했지만, 사실은 운동실조증運動失調症이었다.

1879년 2월 11일, 도미에 사망.

4월, 제4회 인상주의 전시회 개최. 르누아르는 살롱전 준비로 불참.

• 1790년부터 존재했던 센 도département는 1968년의 행정구역 개편과 함께 파리와 파리를 둘러싼 세 도로 나뉘어 오늘에 이른다.

1880 4월 10일, 갤러리 '라 비 모데른La vie moderne'• 에서 마네의 특별 전시회 개최. 〈자두〉 〈아틀리에의 클로드 모네〉 〈스케이팅〉이 전시된다.

살롱전에 〈앙토냉 프루스트의 초상〉 〈셰 르 페르 라튀유Chez le père Lathuille〉•• 출품.

6월 19일, 졸라는 『메사제 되로프』에 실린 기고문을 바로잡는 글을 『볼테르』에 게재한다. "언젠가는 우리 프랑스 학파가 통과하고 있는 지금 이 과도기에 그가 어떤 위치에 있었는지 깨달을 날이 올 것이다. 그는 가장 날카롭고 가장 흥미로우며 가장 개성적인 특징을 지닌 사람으로 남으리라." 7~9월, 세 달 동안 벨뷔에서 물 치료를 받는다. 가족과 함께 한 빌라에 거주. 마네는 여기서 정원의 인물들을 재현한 유화들과 수많은 정물화를 그린다. 벨뷔에서 쓴 편지들은 작은 수채화들로 장식되어 있다.

10월, 고통이 사라지지 않았지만, 파리에서 정상적인 생활을 재개한다. 마네의 어머니와 아내가 목요일마다 사람들을 초대해 저녁 음악회를 열고 샤브리에, 말라르메, 클레망소가 참석한다. 마네는 앙리 로슈포르의 누벨칼레도니 섬 탈출을 그림으로 그린다.(로슈포르는 파리코뮌 후 1873년 이곳으로 이송되었

• '현대 생활'을 뜻함.
•• 바티뇰에 있던 레스토랑의 이름으로 '라튀유 영감 집'을 뜻함.

다.) 앙리 로슈포르는 막 사면을 받은 상태였다.

1880년 4월, 제5회 인상주의 전시회 개최. 고갱 참여. 모네와 르누아르는 불참한다.

1881 살롱전에 〈로슈포르의 초상〉을 출품하는 것으로 만족. 이는 정치적 스캔들에 논란이 될 에피소드를 보태지 않기 위함이다. 마네는 〈페르튀제의 초상〉도 출품하는데, 그림은 유명한 사자 사냥꾼이 파리의 공원에서 사자 가죽을 곁에 둔 채 매복하고 있는 모습을 보여준다. 몇몇 사람은 작품을 그로테스크하다고 생각했지만, 그럼에도 불구하고 마네는 2등 메달을 받고 '오르 콩쿠르'• 자격을 얻는다. 이 결정은 어리둥절하게 만드는 것이었고, 6월 26일의 시상식 때 야유의 휘파람 소리까지 있었으나, 금방 우레와도 같은 갈채에 묻힌다. 마네는 시상식에 불참한다.

여름, 베르사유에 빌라 한 채를 임대. 죽음의 원인이 될 병의 진행을 혹독하게 느낀다. 말라르메에게 보낸 7월 30일자 편지에 이렇게 쓴다. "베르사유에 오고부터 건강이 매우 만족스럽지 못합니다." 정원 풍경 그림들과 〈어린 앙리 베른슈타인의 초상〉을 이 시기에 그린다.

가을, 파리로 돌아온 마네는 병이 주는 불안을 잊고 〈폴리베르

• hors concours. 탁월함으로 인한 '경연 외'를 뜻함.

제르의 바〉에 대한 작업에 전념한다.

12월 30일, 예술부 장관이 된 앙토냉 프루스트의 제안에 따라 레지옹도뇌르 훈장을 받는다.

1882 3월 24일, 살롱전 심사위원단 선거. 1881년 마네에게 2등 메달을 주는 데 투표했던 열일곱 명 화가의 이름을 선거인단에게 알리는 비방문이 유포된다.

4월, 살롱전에서 〈폴리베르제르의 바〉와 〈봄〉이 커다란 성공을 거둔다.

여름, 뤼에이 체류. 점점 더 걷기가 어려워진다.

1883 3월, 25일이 되기 며칠 전, 마지막 작품인 엘리자의 파스텔 초상화를 그리지만 완성하지 못한다. 엘리자는 메리 로랑이 보내는 꽃을 가져온 하녀였다.

4월 6일, 더는 걸을 수 없게 되어 침대에 누워 지낸다. 왼쪽 다리에 괴저가 나타나 4월 20일에 절단한다.

4월 30일, 마네 사망. 종교 의식에 따른 장례식과 파시 묘지에서의 매장이 5월 3일에 거행됨.

1884 1월, '에콜 데 보자르'•에서 사후 전시회 개최. 졸라가 카탈로그 서문을 쓴다. 5일부터 28일까지 1만 3000명 관람.

1889 만국박람회. 〈올랭피아〉를 비롯한 마네의 그림 열다섯 점이 두

• Écoles des Beaux-arts. 파리에 있는 국립 '미술학교'를 가리킨다.

루 찬사를 받는다.

1890 기부를 받아 매입한 〈올랭피아〉가 국가에 기증된다. 하지만 루브르박물관에서 거절하는 바람에 뤽상부르미술관으로 간다. 1907년 모네는 당시 총리 클레망소로부터 루브르박물관으로의 이관 허가를 얻어낸다.

마네의 우아함

—— 회화의 역사에서 마네라는 이름은 각별한 의미를 갖는다. 마네는 그저 한 사람의 매우 위대한 화가에 그치지 않는다. 그는 그에 앞선 화가들과 단절했고, 우리가 사는 세계를 열었다. 그는 지금의 세계, 우리의 세계와 어울리되, 자신이 살며 스캔들을 일으킨 세계와는 어울리지 못했다. 마네의 회화가 일으킨 돌연한 변화, 그 날카로운 전복에는 혁명이라는 이름이 적절할 것이다. 오해의 소지가 없다면 말이다. 마네의 회화가 의미하는 정신의 무대전환은 적어도 본질적인 면에서는 정치사가 기록하는 변화들과 다르다.

이 변화는 그런데 이중의 양상을 띤다.

먼저 마네의 캔버스는 그 자체가 당시 사람들의 머릿속에 자리잡고 있던 회화의 개념과 뚜렷이 구별되었다. 당대의 평론가 뒤랑티는 그러한 대비를 명료하게 강조했다.

그는 1870년에 이렇게 썼다. "모든 전시회에서 연이은 전시실을 따라 200걸음쯤 걸어가다보면 단 하나의 그림만이 나머지 모든 그림과 확연히 구별된다. 그것은 언제나 마네의 그림이다. 한데 사람들이 그것을 비웃는다면, 그것은 하나가 여타의 것들과 유사하지 않다는 사실이 이상하게 여겨지기 때문일 수 있다……."

마네의 회화가 부응한 변화의 또다른 양상도 그에 못지않게 놀랍다. 시대에 따라 쇄신하는 예술의 변화무쌍한 미美와 대중의 취향이 이렇게 완벽히 불일치한 적은 마네 이전에 결코 없었다. 마네와 함께 연이은 참사가 시작된다. 바로 그로부터 대중의 분노와 비웃음이 그토록 확고하게 미의 쇄신을 가리키기 시작한다. 그에 앞서 스캔들을 일으킨 이들이 있기는 했다. 하지만 그때 타격을 입은 것은 고전주의 시대에 발달한 취향의 상대적 통일성이었다. 낭만주의가 이 통일성을 깨뜨렸고, 그것은 분노를 유발했다. 들라크루아, 쿠르베, 그리고 매우 고전적인 앵그르조차도 비웃음을 샀다. 그러나 〈올랭피아〉는 군중이 거대한 비웃음으로 비웃은 최초의 걸작이다.

이 이상한 사실은 마네의 소극적인 성격 탓에 더욱 두드러진다. 그보다 겨우 두 살 어린 드가는 성격이 어찌나 까칠한지 그를 잘 아는 발레리는 테스트 씨•를 상상하면서 드가를 떠올렸을 정도이다. 하지만 드가는 오랫동안 제자리걸음을 했다. 마네는 1863년부터 본의 아니게 스캔들을 일으켰고 살롱전에 출품된 〈올랭피아〉는 그가 일으킨 스캔들의 정점이었다. 반면에 드가는 1865년 살롱전에 여전히 꽤나 생기 없는 역사화를 출품했다. 당시 회화의 지배적 규약을 따른 이 그림의 제목은 〈오를레앙시의 불행〉이다. 하지만 그럼에도 불구하고 드가라는 인물에게는 두드러짐이 있고, 마네에게는 그것이 결여되어 있었다. 마네는 사교계 사람이되, 솔직히 그 주변부에서 겉도는, 하찮은 의미에서의 사교계 사람이었다. 앙토냉 프루스트를 통해서, 그리고 보들레르의 콩트 「끈」을 통해서 우리가 알고 있는 그의 말들은 대개 재치 있는 객설에 지나지 않는다.(하지만 그러면서도 가끔은 대단한 식견을 보여주기도 한다.)

역사적 인물들의 재구성은 마네가 웃음거리로 삼는 주제 가운데 하나였다. 그는 "어떤 인물을 그릴 때 그 인물에 대한 사냥허가증이 있어야 한단 말인가?" 하고 말하곤 했다. 앙토냉 프루스트는 계속해서 마네의 말을 전한다. "진실한 것은 하나밖에 없어. 보이는 것을 대번에 그리는 거지. 됐으면 된 거야. 안 됐으면 다시 시작하면 돼. 나머지는 죄다 헛짓이야." 이 말은 우리에

• 폴 발레리의 산문 작품 『테스트 씨와의 저녁』(1896)에 등장하는 가상의 인물.

게 그의 어조를 확인시켜준다. 보들레르의 '짧은 산문시' 「끈」은 그의 언어를 들려주는데(이름을 밝히지는 않지만 그것이 마네임은 의심의 여지가 없다), 어투는 물론 손을 본 것이다. "……화가라는 직업은 나로 하여금 길을 가면서 마주치는 얼굴들, 표정들을 주의깊게 바라보도록 하거니와, 다른 사람들보다 우리 눈에 삶을 더 생생하고 더 의미 있게 만드는 이 기능에서 우리가 어떤 기쁨을 끌어내는지 당신은 잘 압니다……." 시의 나머지 부분은 사실상 한 편의 콩트, 틀림없이 마네가 섬세한 화자 노릇을 하는 콩트이다.(이 화자가 전하는 사건에 대해서는 뒤에 가서 이야기할 텐데, 나는 그 사건이 간접적으로나마 마네의 첫번째 걸작 〈개와 함께 있는 아이〉와 관련 있다고 생각한다.)

오로지 에두아르 마네의 우정만이—그리고 회화만이—기분 좋은 산책자를 통해 시의 요청을 드러낸다. 마네는 보들레르와 말라르메의 친구, 그것도 가장 가까운 친구 중 하나였다. 그는 10년 동안 거의 매일 말라르메와 대화를 나누었고, 죽음만이 그 대화를 멈추게 했다. 소극적인 태도와 열정의 이와 같은 이중성은 보들레르의 한 편지(테오필 토레에게 보낸 1864년 6월 20일자 편지)에 잘 나타나 있다. "사람들이 미치거나 돌았다고 생각하는 마네 씨는 매우 충직하고 매우 소박한 사람일 따름입니다. 그는 합리적으로 행동하고자 갖은 애를 쓰지요. 하지만 불행히도 날 때부터 낭만주의가 각인돼 있죠."

안으로는 시를 요구하는 창조적 열기에 갉아먹히고 있지만 겉으로는 빈정대기 좋아하는 경박한 마네를 나는 상상한다. "토르토니의 빈정대는 사람"이라고 말라르메는 화가가 죽은 뒤 그에 대해 쓴 한 페이지에서 말했다. 그에 앞서 보들레르가 그랬듯, 마네는 당시의 우아한 카페였던 토르토니의 단골이었다. 그 시절 카페의 삶은 중요했다. 그것이 재사才士들에게 갖는 의미는 경마장이 우아한 여인들에게 갖는 의미와 견줄 수 있는 것이었다. 그곳은 접근이 어려운 고상한 살롱의 삶의 언저리였다. 마네는 졸라에게 "나는 사교계를 좋아하며 향수 냄새 풍기는 빛나는 야회의 섬세함 속에서 비밀스러운 관능을 발견한다"라고 털어놓았다. 하지만 사교계 사람이며 우아한 달변가인 마네는 결코 살롱의 인간이 아니었다. 그는 카페에서 수다 떨기를 좋아했다. 만나는 사람들이 이따금 그가 화가라는 사실을 알지 못하는 토르토니에서. 그리고 더 자주 화가와 문인 친구들을 만나는 훨씬 초라한 카페 게르부아에서. 카페 게르부아의 한 테이블은 매일 저녁 그와 가까운 사람들 차지였다. 마네는 분명 "재치"가 있었다. 신랄하기로 유명했던 조르주 클레망소(마네가 그의 초상화를 그렸다)는 마네와 담소하기를 좋아했다. "그는 어찌나 재치가 넘치는지!" 하고 클레망소는 말하곤 했다. 그러나 아침이면 아틀리에가 그를 기다리고 있었고, "마치 단 한번도 그림을 그려보지 않은 것처럼 어떤 격정이 그를 빈 캔버스를 향해 혼미하게 돌진하게 했다…….”

이 대목에서 그와 합류한 사람이 말라르메이다. 말라르메는 그의 깊은 열의의, 그의 손이 캔버스 위에서 열기 가운데 탐색하던 어떤 정의할 수 없는 보물에 대한 열정의 증인이었다……. 가벼운 수다는 아마도 그의 매일매일의 긴장을 풀어주는 역할을 했을 것이다.

새로운 세계로 가는 길을 열고 있던 이 사람은 하찮은 대화와 외양 아래 하나의 고통을 숨기고 있었다.

그는 중간 키였다. 어릴 적부터 친구였던 앙토냉 프루스트는 말했다. “전원에서건 도시에서건, 그는 변함없이 양복저고리나 허리를 죄는 재킷에 밝은 색 바지를 입었고, 머리에는 테가 평평한 매우 높은 모자를 썼다.” 말라르메는 “턱수염과 재치 있게 희끗거리는 성긴 금발”이라고 했다. 졸라는 또 이렇게 증언했다. “……눈은 생기가 넘치고 영리하며, 민활한 입은 때로 약간 빈정대는 듯하다. 불균형하고 표현력이 풍부한 얼굴 전반은 어떤 알지 못할 섬세함과 에너지를 갖고 있다.” 말라르메의 훨씬 생생한 다음 표현은 친구 마네를 괴롭히던 “좌절”의 감정에 관련된다. “담황색 외투를 걸친 천진난만한 사티로스•…….” 요컨대 평범한 한 남자. 그러나 매력적이고 약간 저속한 듯 만 듯한…….

• 그리스 신화에 나오는 숲의 신으로 반인반양半人半羊의 모습을 하고 있다.

아주 젊은 마네에 대해 앙토냉 프루스트는 이렇게 말했다. "그의 걸음걸이는 리드미컬했고 허리의 움직임이 그것에 특별한 우아함을 부여했다. 그가 아무리 과장되게 허리를 흔들고 파리 어린아이들의 늘어지는 말투를 구사해도 저속한 지경에까지 이를 수는 없었다……. 그만큼 매력적인 사람은 많지 않았다."

마네는 거의 마지막까지 이런 영악한 우아함을 견지했다.

1881년(이 당시 쉰 살이 다 된 마네는 "제대로 파리지앵다운 풍모"를 지니고 있었다) 한 시평가時評家는 그를 이렇게 묘사했다. "머리와 모자를 뒤로 젖히고 위에서, 아니 그보다 차라리, 눈이 아닌 코로 내려다보는 듯하다. 자기瓷器 같은 눈은 길들이지 못한 의지로 뜨겁고, 빈정거리는 회의적인 입의 아래위 입술은 부채꼴로 다듬은 황금빛 수염 위로 열린다……. 노란 장갑을 끼고 새 넥타이를 맸으며 세련된 구두를 신고 밝은색 바지를 입은, 또한 윗옷 단춧구멍에…… 꽃을 꽂고…… 미인을 만나러 가는 사람의 바쁜 발걸음으로 이탈리앵로를 성큼성큼 걸어가거나, 아니면 고급 시가를 입에 물고 카페 리슈나 토르토니의 테라스에서 값비싼 음료를 앞에 두고 앉아 있는 그를 우리는 만날 수 있다."

그는 확실히 우아한 사람이었다. 그리고 이런 사실을 잘 알고 있었다. 하지만 그렇듯 자신 있는 태도는 억제된 쓰라림을 감추고 있었다. 인정받지 못하고, 오히려 지속적인 평가절하의 대상이 되고 있다는 사실 때문에 그보다 더 고통받은 사람도 없을 것이다……. 보들레르는 그의 약함을 꾸짖지 않을 수 없었다. 보들레르는 마네에게 말하곤 했다. "당신이 요구하는 것은 정말로 어리석은 것입니다……." 베르트 모리조의 한 편지는 관객의 몰이해로 인해 극도로 피폐해진 그를 보여준다. 마네는 사실주의자로서 소설가이자 비평가인 친구 뒤랑티와 결투를 할 정도로 평정심을 잃기도 했다. 유보적이고 뻣뻣한 반응을 보인 뒤랑티의 태도가 한순간 그의 신경을 자극했던 것이다.

사실 약간 차가운 어투로 쓴 뒤랑티의 몇 줄 평이 『파리 주르날』에 게재된 날 저녁, 카페 게르부아에 들어간 마네는 뒤랑티에게 다가가 뺨을 갈겼다. 당시 조서는 이렇게 전한다. "단 한 번의 격돌이 있었는데, 그것이 어찌나 격렬했던지 양측의 칼이 모두 구부러지고 말았다. 뒤랑티 씨는 오른쪽 가슴 아랫부분에 가벼운 부상을 입었다. 상대의 칼이 옆구리를 스쳤던 것이다……." 마네와 뒤랑티는 화해했다. 몇 달 뒤 뒤랑티의 열렬한 글(나는 앞에서 한 문장을 인용했다)은 그저 신경질 때문에 흔들렸던 우정의 의미를 강조했다.

이런 자신감의 결여와 지나치게 빠른 반응은 일관성 결핍의 한 측면을 증언한다. 하지만 이 일관성 결핍은 모험의 비개인적 성격과 통한다. 마네가 감내한 유일한 모험인 그것은 그 역사 전체가 비개인적이다. 마네, 약간 피상적인, 그러나 날카로운 신경을 소유한 사람. 넘치는, 그를 불만족의 상태에 내버려두며 소진시키는, 그가 어렵사리 이해하는, 그러나 확실히 그를 넘어서는 하나의 목표에 사로잡힌 사람.

비개인적 전복

―― 일종의 변모를 위한 우연의 도구가 아니면 마네는 도대체 무엇일까? 마네는 그 토대가 서서히 미끄러져 사라지는 세계의 변화에 참여했다. 우선 말해둘 것은 이 세계가 예전에 신의 교회와 왕의 궁전 안에서 배열된 세계라는 사실이다. 이때까지 예술은 압도적이고 부인할 수 없는, 사람들을 통합하는 위엄을 표현할 책무를 짊어지고 있었다. 그러나 이제는 군중이 동의하며, 장인匠人, artisan이 섬기는 그 어떤 위엄 있는 것도 남아 있지 않았다. 조각가이거나 화가인—문학가도 여기 해당한다—장인들은 결국 자기 스스로를 표현하는 수밖에 다른 도리가 없게 되었다. 한데 이번에는 자기 스스로를 주권적 존재로 표현한다는 점이 달랐다. 예술가artiste라는 모호한 이름은 이제 이런 새

로운 품격과 동시에 정당화하기 힘든 포부를 나타낸다. 허영이, 알맹이 없는 공허한 야심이 바람을 넣는 예술가는 종종 장인을 넘어서는 존재일까? 예술가? 그로 하여금 자기만족에 빠지게 하는 것이 무엇인지 미처 알지도 못하는 이 까다로운 개인! 여기서 우리가 보는 것은 자주 지배적인 힘의 위엄이 더이상 허리를 굽히도록 만들지 못하는 존재의 "주권적인 모습"이다.

이 급격한 해방의 무질서 속에서 마네는 바야흐로 스스로에게 맡겨진 삶을 가르는 경향의 다양성을 대변한다. 그는 아무런 지향도 갖고 있지 않은 자성 띤 바늘의 미친 듯한 동요를 우리에게 보여준다. 다른 사람들의 경우 나중에 스스로의 길을 선택할 수 있었다. 하지만 마네는 현재 자리를 차지하고 있는 죽은 시스템으로부터 별안간 멀어지는 것으로 만족했다. 그는 이에 필요한 힘을 갖고 있었다. 그가 그로 인해 자신감을 잃었더라도, 자기에게 일어나는 일을 잘 받아들이지 못했더라도, 군중의 비웃음이 그를 병나게 했더라도, 우리는 그를 너무 힐난해서는 안 된다. 그를 혼란에서 끄집어내줄 그 어떤 것도 그는 발견할 수 없었기 때문이다. 나중에 그는 인상주의의 길을 따라가려고 애썼다. 하지만 그 앞에 차례차례 나타났지만 그를 안착시키지 못한 가능성들의 무질서와 비교할 때 인상주의는 차라리 빈약한 것이었다. 사정이 이럴진대 그의 끝없는 '좌절' 속에서 그가 어떻게 자기를 견고하게 확립할 수 있었겠는가? 몰이해에서 비롯된 그의 불안한 동요가 어떻게 그칠 수 있었겠는가? 한심한 심사위원단의 낙선 판정을 받을 때마다 그는 고통스러워했다. 마침내 메달을 받거나 '오르 콩쿠르'의 자격을 얻고 또 레지옹도뇌르 훈장을 받았을 때 몹시 기뻐했던 것과 같은 정도로 말이다. 보들레르가 그의 약함을 나무라봤자 소용없는 일이었다. 보들레르의 경우 막연한 낭만주의가 실추된 유령들에 대한 향수를 연장하고 있었다. 그가 지닌 이점은 단 하나뿐이었으니, 그것은 보다 더 막연하다는 점, 그리고 대담과 공포가 뒤섞이는 무질서 속에서 보다 더 불행하다는 점이었다.

의외인 점은 마네의 소극성, 정신적 소심함이다. 1867년 자기 돈으로 개최해야만 했던 전시회의 카탈로그 서문에서 마네는 자신에게 가혹했던 관객에게 가장 공손한 어조로 말했다. "마네 씨는 항의하려고 한 적이 결코 없습니다. 오히려 전혀 생각지도 않게 사람들이 그에게 항의했습니다……. 마네 씨는 재능이 있는 데서 재능을 보았을 뿐, 옛 회화를 전복한다거나 새로운 회화를 창조한다고 주장하지 않았습니다……." 무례한 태도가 관례로 통하고 놀라게 해야만 한다는 선입견이 자리를 굳히는 요즈음과 비교할 때 이보다 더 상반된 태도가 있을까?

사실 마네는 이 점에서 자기 시대에 뒤져 있다. 낭만주의는 도발할 줄 알았고, 보들레르는 아이와도 같은 고뇌와 기쁨의 이중적 몸짓 속에서 기꺼이 충격을 유발하고자 했다. 마네의 경우…… 놀라게 할지도 모른다는 고뇌가 그를 괴롭혔으며, 거기서 그가 침묵 가운데 끌어내는 것은 오로지 '좌절'뿐이었다. 그가 원한 것은 동의, 공식적 성공, 그리고 자기 안에 있던 죽음을 보지 못하게 된 세계로부터의 인정이었다. 졸라는 이런 의지를 다음과 같이 간단하게 묘사했다. "세상을 좋아했던 이 반항적인 화가는 언제나 성공을 꿈꾸었다. 그것은 파리에서 자라나는 것 같은 성공으로 여인들의 찬사, 살롱들의 칭찬 가득한 반응, 군중의 찬탄 가운데 질주하는 사치스러운 생활을 수반하는 것이었다." 이 초라한 욕망은 무엇을 말했던가? 그것은, 예술가의 몫으로서 본질적인 차원에서 예술가를 장인과 대립시키는 무거운 자아의 과잉을 상쇄해주는 역할을 했다. 장인은 익명적인 존재이다……. 한데 이 욕망은 동류들에게서—더이상 장인처럼 자신이 섬기는 사람들에게서가 아니라—인정받고자 하는 욕망이었고, 공허로 부풀어오른 자아의 병으로부터 예술가가 벗어나게 해주는 욕망이었다. 그러나 군중이, 관객이 동류들로 이루어져 있지 않다면? 예술가가 제안하는 것을 군중이 받아들이지 않는다면? 그 경우 예술가는 낭만주의적 오만을 받아들일 수밖에 없는 것일까?

보들레르는 (1865년 6월) 마네에게 이렇게 썼다. "나는 인류 따위는 아랑곳하지 않아요……."(그는 심지어 친구의 공모의식을 은근히 암시하는데, "나의 친애하는 마네, 내가 많은 것과 관련하여 비밀스럽게 이런 말을 한다는 것을 잘 알겠지요"라고 덧붙이고 있기 때문이다. 그는 같은 시기 자기 어머니에게 이렇게 말했다. "저는 인류 전체가 저와 맞서게끔 하고 싶습니다. 저는 거기서 모든 것에 대해 저를 위로해줄 희열을 봅니다.") 그러나 보들레르야 어찌 생각하건, 마네는 시인이 그에게 제안하는 것을 거부했다. 그는 인류를 비웃을 수 없었다. 그것을 감당하기에 그는 자신감이 충분하지 못했다. 그는 주저했다. 그는 다른 사람들에게서 떨어져나올 수도 없었고, 그렇다고 해서 그들과 어울릴 수도 없었다. 나로서는 알 수 없는 어떤 충만하고 강한 것을 그는 보들레르처럼 자기 안에 갖고 있지 못했다. 저주인 동시에 아이러니인 그것은 확실히 비통한 것이었지만 그를 단단해지게 해주었을 것이다. 그는 두 흐름 사이에 위치해 있었다. 보들레르와 비교할 때, 마네는 하찮아 보인다……. 하지만 비록 지지해 달라고 사정했을지언정 그는 자기 시대의 군중으로, 즉 진정으로 위대한 그 무엇도 더이상 허리를 굽히게 만들지 못하는 그 군중으로 환원될 수 있는 인물이 아니었다. 그의 겸손은 그를 보들레르보다 더 멀리 나아가게 했다.

반복하건대, 보들레르는 일종의 착란 가운데 과거에 매달렸다……. 그는 산업혁명이 야기한 정신적 침체를 의식했고, 그 속에서 막대한 혼란을 느꼈다.(그는 "거대한 산업적 광기"가 "꿈꾸는 행복"에 종지부를 찍었다고 말했다. 하지만 그 꿈은 과거에 무엇이었던가? 옛 세계의 폐허가 아직도 그 흔적을 간직하고 있는 기념비적 위엄이 아니라면 말이다.) 보들레르의 혼란은 대단히 컸다. 그는 경탄할 만한 존재였지만 최악의 것들에서 만족을 찾았다. 최악의 것들이란 자기 과장, 마지막의 공허, 그리고 타인에 대한 경멸, 커다란 외침, 예전의 불행한 영광에 고착된 시선을 가리킨다. 회화에서 보들레르는 들라크루아, 즉 이제는 대상이 사라진 예술의 저무는 영광에 집착했다. 그가 마네의 초기 노력들을 좋아하고 격려해준 것은 사실이다. 하지만 그는 마네를 지원할 수도 이끌어줄 수도 없었다. 표면적으로 그는 스페인 취미의 길로—아니 차라리 막다른 길로—마네가 나아가도록 격려했다. 보들레르가 좋아했다고 확신할 수 있는 마네의 그림들은 대개 지나가는 스페인 사람들을 대상으로 파리에서 그린 의아한 작품들이다. 이것들은 가끔 경탄할 만하다. 〈스페인 발레〉는 이 계열의 가장 매력적인 그림 가운데 하나인데, 마네는 거기서 '눈에 보이는 것'을 이국정취의 효과와 조화시키고 있다. 이 당시의 눈에 띄는 유화에 속하는 〈보들레르의 연인〉은 놀라운 단순화에서 출발하여 능숙한 생생함을 리넨과 레이스의 가벼운 푸가로 옮겨놓고 있는데, 거기서는 경이롭게도, 꼭두각시처럼 허리가 꺾인 모델이 되는 대로 무화되며 사라지고 있다. 보들레르는 이런 그림들을 좋아했다. 아니 좋아했다기보다 좋아하도록 스스로를 방기했다. 마네는 보들레르보다 열한 살 어렸다. 그는 부유했다.

보들레르는 그에게서 돈을 빌렸을 뿐 아니라(보들레르가 죽었을 때 500프랑의 빚이 남아 있었고, 어머니인 오피크 부인이 그것을 갚았다) 이런저런 일을 자기 대신 처리해달라고 벨기에에 있으면서 부탁하기도 했다. 의지가 약한, 그러면서도 종종 심오한, 그러나 그보다 더 자주 뛰어난 예술 이론가인 보들레르가 마네에게 가져다준 것이라고는 우정 어린 격려, 비밀스러운 세계에 대한 인식, 그리고 찾아 나설 용기가 있는 자들에게 주어지는 희귀한 보물의 약속뿐이었다. 그것은 아마도 세상 그 무엇보다 더 큰 가치를 지녔을 것이다. 하지만 마네를 회의 가운데 내버려두기는 마찬가지였다. 미美는 "언제나 기이하다"는 근본적인 명제를 넘어 마네는 분명 다음과 같은 시인의 말을 마음에 새겨두었을 것이다. "이 사람은 화가가 될 것입니다. 넥타이를 매고 광택이 나는 부츠를 신은 우리가 얼마나 위대하고 시적인지를 보여주고 이해시켜줄 진짜 화가가 될 것이란 말입니다." 1860년경 보들레르 자신이 군중에 섞여 등장하는 〈튈르리정원 음악회〉가 이 말에 화답했다. 하지만 시인이 이 그림을 좋아했을지는 미지수다. 〈올랭피아〉의 작가는 비록 다른 곳에서 이 현대적 테마를 다시 한번 취급하지만, 그럼에도 불구하고 친구의 단호한 가르침에서 벗어나고 있기 때문이다. 보들레르의 이론에서 남은 것은 자기 시대와 대립하고 상상력을 자연보다 우선시하는 감각이었다. 마네는 상상력이 없었다. 시인과의 만남으로—아마도—막연하게 자극받은 그는 어둠 속에서, 망설임 속에서 오래된 예술의 퇴락으로부터 벗어날 출구를 찾았다.

마네는 외치지 않았다. 오만해지려고 하지도 않았다. 그는 정말로 부진 속에서 모색했다. 아무도, 아무것도 그를 도와줄 수 없었다. 오로지 **비개인적** 고통만이 이런 모색 가운데 그를 인도했다.

이 고통은 화가의 것만이 아니었다. 심지어 비웃는 사람들조차도 그 까닭을 이해하지 못한 채, 그들을 격분하게 하는, 그러나 그들 안에 열리고 있던 공허를 뒤에 가서 채워줄 그 형상들을 **기다렸다**. 이렇듯 역설적인 형태의 기다림에 부응했던 마네는, 매번 무슨 수를 써서라도 새로운 양상 아래 발견해야만 하는 고정관념 또는 **개인적** 강박 이미지에 사로잡힌 사람들과는 정반대였다. 그가 모색한 대답은 그에게 개인적으로 주어질 수 있는 게 아니었다. 그를 고양하는 것은 제약, 권태 그리고 시간이 죽은 표현 가운데 드러내는 거짓으로부터 그를, 그리고 그와 더불어 **다른 사람들**을 해방하는 새로운 형태의 세계 속으로 들어가는 은총뿐이었다.

주제의 파괴

—— 우리는 전통이 젊은 마네에게 제기한 문제를 명료하게 파악할 수 있다. 마네의 아버지는 그가 법을 공부하길 바랐다. 하지만 마네의 고집이 승리했을 때, 다시 말해 명망 있는 부르주아 집안의 장남 에두아르가 예술가가 되겠다고 했을 때, 그는 미술을 공부하기 위해 토마 쿠튀르의 아틀리에를 선택했다. 쿠튀르는 근면한 화가로서 1847년 살롱전에 출품한 거대한 그림의 성공 덕분에 유명해졌다. 이 그림은 호사스러운 건축을 배경으로 연극적 도취에 빠진 로마의 미인들과 부자들을 보여준다……. 지금도 여전히 루브르에 걸려 있고, 라루스 출판사의 새로운 사전 개정판이 매번 잊지 않고 싣는 이 〈쇠락기의 로마인들〉에 대해 보들레르는 1851년 글을 쓰면서 가혹하게 규정한다.

"카니발에 참여한 푸주한과 세탁부들처럼 치장한 우스꽝스러운 남녀들을 한데 모아 어울리게 하고, 작업에 필요한 시간 동안 한시적으로 꾸민 표정을 유지해달라고 부탁하면서, 옛 역사의 비극적이거나 우아한 장면을 표현한다고 자부하다니……." 보들레르가 여기서 말하는 것은 당시 사진가들 사이에 퍼져 있던 유행이다. 하지만 쿠튀르의 요란한 연회와 보들레르의 묘사 사이의 차이라고는, 거창한 스타일의 모델들이 풍기는 그 천박함을 감소시켜주는, 공들인 작업에서 스며나오는 권태가 전부이다.

마네는 쿠튀르의 가르침을 잘 견뎌내지 못했다. 우리는 그의 기본적인 태도를 안다. 우리가 그것을 아는 것은 마네의 아틀리에 동료였던 앙토냉 프루스트의 기억 덕분이다.

앙토냉 프루스트는 말한다. "마네는 일주일 치의 포즈가 제공되는 월요일마다 선생의 모델들과 충돌했다……. 모델들은 테이블 위에 올라가면 전통에 따라 과장된 자세를 취했다. '당신들은 도대체 자연스러울 수가 없군요' 하고 마네는 소리치곤 했다. '과일 가게에 래디시 한 단을 사러 갈 때도 당신들은 그 같은 자세를 취합니까?'

……도나토란 이름의 모델이 왔다. 그는 이후 통속극 배우를 하다가 나중엔 최면술사가 된 인물이다. 처음에는 모든 게 순조로웠다. 하지만 다른 모델들이 들락거리면서 도나토는 가슴을

내밀고 근육을 부풀리며 영웅적인 포즈를 취하고 말았다. 마네는 유감스러워했다."

뒤이은 장면은, 마네의 결정적인 태도를 그다지 선명하게 드러내진 않지만, 제자와 스승이 대립하는 불편한 상황만큼은 잘 보여준다.

"어느 날 마네는 모델 질베르에게 소박한 포즈를 취하게 했고, 심지어 옷의 일부를 걸치고 있도록 했다. 쿠튀르가 아틀리에로 들어왔다. 옷을 입은 모델을 본 그는 화를 냈다.

'질베르가 옷을 벗지도 않았는데 돈을 준다고? 누가 이런 바보 같은 짓을 했나?'

'접니다.' 마네가 대답했다.

'한심한 사람, 자네는 우리 시대의 도미에•밖에는 되지 못할 거야.'

앙토냉 프루스트와 단둘이 있게 되자 마네가 결론지었다.

'우리 시대의 도미에라! 어쨌거나 쿠아펠••이 되는 것보다 못할 것도 없지.'"

이 일화들에서 우리가 보는 것은 마네와 과거의 대립이다. 이

• 오노레 도미에Honoré Daumier(1808~1879): 프랑스의 데생화가, 판화가, 화가, 조각가. 현실에서 소재를 취했던 그는 당대 최고의 캐리커처 화가로 간주되었다.

•• 앙투안 쿠아펠Antoine Coypel(1661~1722): 프랑스의 화가, 판화가, 데생화가. 도미에는 동시대의 화가인 데 반해, 쿠아펠은 이전 시대의 화가이다.

렇듯 개별적인 양상 아래 포착된 대립을, 이제 서양 문명에 작용하며 그것을 탈바꿈시킨 일반적인 움직임과 연관시켜 살펴봐야만 한다.

이 일화에서 문제가 되는 것은 언어이고 담론이던 회화가 마네 이후—담론의 기능에서 해방된 음악과 마찬가지로—자율적 예술로 변모되는 국면이다. 모델의 웅변적 포즈가 그를 격분시킨 순간, 마네의 요청은 조바심 가운데 얼굴을 드러냈다. 여기서 관건으로 떠오른 상당히 기이한 것은 회화의 침묵이었다. 화가는 해방되어야 했다. 그는 그리는 예술에, 테크닉에, 형태와 색채의 노래에 자유로이 전념할 수 있어야만 했다.

그렇다면 마네 이전에 화가들이 캔버스 위에서 구사했던 언어는 어떤 것이었을까? 그것은 물론 모델이 가슴을 부풀리면서 구사한 언어인데……, 문제가 그리 쉬운 것만은 아니다. 사실 이 언어는 쿠아펠이나 쿠튀르뿐 아니라 모든 화가가 구사했다. 예전에 회화는 아무런 자율성도 갖고 있지 않을 뿐더러, 이해 가능한 **총체**를 군중에게 제안하는 위엄 있는 축조물의 일부에 불과했기 때문이다.

나는 근본적인 사실 하나를 강조하고자 한다. 성, 교회, 사원 또는 궁전 등, 과거에 수없이 만들고 다시 만들어진 그 위대한 교육적 기념물, 그러니까 권위를 말하고 선포하며 온 군중으로 하여금 고개를 숙이게 만들던 그 기념물은 그것에 근거를 부여하던 의미를 잃어버리는 순간을 맞이했다. 그 기념물은 해체되었고, 그 언어는 마침내 거드름 피우는 웅변으로 전락했으며, 예전에 복종하던 군중은 그것으로부터 고개를 돌리기에 이르렀다.

마네는 처음부터 고개를 돌렸다. 하지만 처음부터, 그런 사실을 알지 못한 채, 그는 홀로 새로운 차원의 형태를, 새로운 세계를 재구성하려고 시도한다. 이런 노력은, 그의 재능이 아무리 크다고 한들 아직은 진정한 능숙함에 이르지 못한 한 그림에서 감지된다. 〈늙은 악사〉에서보다 관례적 조화를 더 잘 깨뜨리기는 불가능할 것이다. 그의 초기 대작 가운데 하나인 이 작품은 특히 디테일이 주목할 만하지만, 얼마간 서툰 면을 드러내면서, 우리가 보는 이 세계의 자연스러운 경직성과 태만을 쿠튀르의 연극적—건축적—정연함과 대립시킨다. 디테일 자체에서는, 커다란 모자를 쓴 아이의 〈질〉•과 같은 소박함에서, 그리고 낡은 실크해트를 쓴 부랑자의 차림에서 각 부분의 독립성이 두드러지게 나타난다. 모델들은 막이 내려간 막간 휴식시간의 배우들처럼 무질서하게 배치되어 있다. 내가 보기에는 화가가 일부러 모델들에게, 어느 정도는 우연히 나올 수밖에 없는 포즈에서 멈춘 채 더이상 꼼짝하지 말라고 요구했을 것 같다.

• 〈질Gilles〉(1718~1719년경)은 프랑스 화가 앙투안 바토Antoine Watteau(1684~1721)의 그림으로 흔히 〈피에로(어릿광대)〉란 제목으로 알려져 있다.

관례적 예술로의 이행, 이런 무질서의 원천으로의 이행은 예술사(그리고 역사 일반)의 기본적 진리 가운데 하나이다. 하지만 이 진리는 부분적으로 우리를 빠져나간다. 우리에게 이르도록 예술사는 그저 **아름다운** 작품들의 역사, **아름다운** 예술의 역사였기 때문이다. 드물게 예술사는 우리 눈에 띄기에 이른, 과거에 현재를 대립시키는 오류의 부분을 고려 대상으로 삼았다.

그러나 시인일 뿐인 보들레르는 친구인 마네의 유화들이 좀 더 나중에 조명하게 될 깊은 변화와 관련하여 진작부터 예외적으로 만족스러움을 표현했다.

그의 「1846년 살롱전」은 말한다. "살롱전이나 새로이 장식된 교회에서 나올 때 현재 시대를 지나간 시대와 비교해보라. 오래된 미술관을 찾아가 눈을 쉬게 하며 그 차이를 분석해보라.

한쪽에는 소란, 양식과 색채의 야단법석, 색조의 불협화음, 거대한 진부함, 몸짓과 태도의 범속함, 규약의 고상함, 온갖 종류의 **상투적 표현**, 이 모든 것이, 나란히 놓인 그림들뿐 아니라 같은 그림 안에서조차 분명하게 드러난다. 간단히 말해 그것은 통일성의 완전한 부재이고, 그 결과는 정신과 눈의 끔찍한 피로이다.

다른 쪽에는 아이들로 하여금 모자를 벗게 하고, 마치 무덤과 납골당의 먼지가 목을 죄듯 우리의 영혼을 사로잡는 **존경**(강조는 내가 했다)이 있으니, 그것은 노란 광택과 세월의 때에서 온 효과가 아니라 깊은 통일성으로부터 온 효과이다. 위대한 베네치아 학파 그림과 줄리오 로마노의 작품이 나란히 있는 것이 우리 시대의 그림들, 그것도 시시한 축에 속하지 않는 그림들이 함께 있는 것보다 덜 거슬린다.

의상의 화려함, 종종 기교를 부리기는 했지만 위대하고 오만한 움직임의 고상함, 모순을 이루는 조잡한 방법과 기법들의 부재, 이 자질들은 '위대한 전통'이라는 말에 고스란히 함축되어 있다."

이전 시대 삶(최소한 사회 지배층의 삶)의 통일성을 보여주는 이 전통, 초기의 대립은 그것을 단절시키지 못했다. 반항하는 부르주아계급이 초기에는 과거를 배열하던 위엄 있는 형태들을 받아들였기 때문이다.

보들레르는 해체의 시점을 명확히 했다. 그는 예전 회화의 '학파들'에서 기념비적 배열의 증거를 보고, 통일성과 전통의 보증을 본다.

보들레르는 말한다. "루이15세 치하에는 여전히 학파들이 있었고, 제정기에도 하나의 학파가 있었다. 한 학파, 다시 말해 회의의 불가능…… 회의, 또는 믿음과 순진함의 부재는 이 세기 특유의 악덕인데, 왜냐하면 아무도 순종할 줄을 모르기 때문이다. 기법으로 기질을 다스리는 것을 뜻하는 순진함은 하나의 신성한 특권일 텐데, 이제는 거의 모두가 그것이 결여되어 있다."

이런 '퇴락'과, 한 사회에 자리잡는 위엄 있는 형태들과의 관계는 아마도 보들레르의 눈에 막연하게만 나타나는 것 같다. 하지만 그는 모든 변화의 원칙을 표명했으니, 그것은 외부로부터 군중에게 부과되거나 내부에서, 다시 말해 우리가 우리 안에서 발견하는 주권적 요소의 존재에 근거하는 것이다. 보들레르는 말한다. "소수의 사람만이 지배할 권리를 갖는다. 왜냐하면 소수의 사람만이 위대한 열정을 갖고 있기 때문이다." 좀더 뒤에 가서 그는 또 말한다. "……회화의 현재 상태는 개인이라면, 그가 아무리 허약하다고 해도 예찬하는 무정부주의적 자유의 결과이다."

이 같은 진단을 우리는 쉽게 이해할 수 있다. 그렇지만 그 의미를 분명히 해야만 한다. 제일 먼저 보들레르가 자신이 살아온 세계 속에서 그것에 부여한 의미를 살펴보자.

그는 말했다. "오늘날 원숭이 교실에 들어가는 이•는, 설사 가장 능숙한 축에 속할지라도, 그저 평범한 화가에 불과하거나 평범한 화가만이 될 수 있을 것이다. 예전 같으면 그는 뛰어난 일꾼이 되었으리라. 하지만 이제는 그에게든 우리에게든 그는 미래가 없다.

따라서 미지근한 이들••이 세찬 신앙의 회초리 아래 놓이는 것은 그들의 구원을 위해, 그리고 심지어 그들의 행복을 위해 한

• 창조하지 않고 이전의 회화를 흉내내는 사람을 가리킨다.
•• "네가 이같이 미지근하여 더웁지도 아니하고 차지도 아니하니 내 입에서 너를 토하여 내치리라."(『요한계시록』 3장 16절)

결 바람직했다. 강자는 드물다. 오늘날에는 들라크루아나 앵그르 같은 사람들만이 소모적이고 열매를 맺지 못하는 자유의 혼돈을 헤엄쳐 나와 스스로를 드러낼 수 있다."

그러나 앵그르, 들라크루아는 '퇴락' 한가운데에서의 존속을, 과거의 연장을 의미할 따름이다. 그들과 더불어 드러난 새로움이란 아무것도 없다. 그들의 회화는 그런 점에서 과거의 회화와 유사하며, 제도의 웅변 가운데 자기 역할을 다할 뿐이다. 아마도 들라크루아는 말하기보다 외쳤다. 엄밀하게 말할 때 앵그르의 신중함은 그를, 그에 뒤이은 것과 가깝게 만들었다. 들라크루아는, 형태들의 동요가 다만 어지럽힐 뿐 완성하지는 못하는 건축적 틀에 기탄없이 들어가지 못했다. 어쨌거나 그들의 회화에는, 이제 돌이킬 수 없는 것이 되어버린 모든 위엄 있는 외양의 부재가 제기한 문제에 답하는 것, 저속한 동요를 지배할 수 있는 것이 조금도 나타나지 않고 있었다.

보들레르는 아마도 그 이상 멀리 보지 못했다는 사실을 이제 말하도록 하자. 기껏해야 그가 자기 시대의 화가들에게 제안하는 원칙 속에 함축된 전망을 끌어내는 것이 겨우 가능한데, 그 전망이란 온갖 규약을 벗어나, 현재가 제공해준 양상들, 이를테면 광택 나는 부츠나 넥타이를 착용한 모습 아래 존재들을 재현하는 것을 가리켰다. 이는 너무나도 약소한 것이다. 그는 마네의 초기 회화를 좋아했다. 하지만 파리를 떠나 있어야만 했던 2년 동안(그는 〈올랭피아〉 이듬해 침체 상태에 빠져들었다), 그는 친구에 대해서 글을 쓰지 않았다. 그러나 브뤼셀에 있던 그가 〈올랭피아〉 스캔들로 상심한 마네에게 쓴 한 통의 편지는 많은 것을 이야기해준다. 그는 샤토브리앙, 들라크루아, 바그너가 겪었던 비웃음에 〈올랭피아〉가 당한 비웃음을 견주면서 마네에게—우정 어린 어조로—매정하게 말한다. 당신은 결국 "퇴락해가는 당신의 예술에서 첫째갈 뿐입니다." 요컨대 보들레르는 전통을 탈피하는 '개인적' 힘이 무엇을 뜻하는지 알지 못한 채 마네를 좋아했던 것이다. 확실히 그의 눈에 그 힘은 '퇴락' 가운데, 그러니까 앵그르와 들라크루아를 제외하고—그리고 또 쿠르베와 코로를 제외하고—그의 시대가 처한 **무절제 가운데, 양식과 색채의 야단법석 가운데** 뚜렷이 부각되고 있었다. "첫째." 하지만 퇴락에 감염된.

그가 알아차리지 못한 것은 마네가 과거의 질서와 단절하면서 바로 그 퇴락으로부터 긍정적 반대급부를 끌어내고 있다는 사실이었다. 그것은 앵그르도 들라크루아도—쿠르베도—알지 못했던 것이었다.(코로는 아예 국외자였다.) 그 어떤 진실한 것도 더이상 생기를 불어넣어주지 못하는 웅변적 회화의 쇠진은 새로운 형태의 회화로 가는 길을 열고 있었다. 이 회화는 오늘날 우리에게 친숙한 것이지만 애초에는 아무도 생각하지 못했던 것으로, 오로지 에두아르 마네의, 다시 말해 포즈에 무질서를 도입한 화가의 이상한 반응과 무모하고 고뇌에 찬 탐색만이 도달할 수 있었던 것이다.

고야에 대해 쓴 책 『사투르누스』에서 앙드레 말로는 말한다. "고야는 마네, 도미에, 그리고 세잔의 특징 가운데 하나를 예감케 한다. 마지막 세잔의 것이 태어나기 위해…… 예술은 고야를 피폐하게 만들던 형이상학적 열정을 비우고, 스스로 **유일한 목표**(강조는 내가 했다)가 되어야만 할 것이다. 고야의 마지막 초상화 가운데 몇몇에서, 그의 마지막 유화 가운데 몇몇에서 예술은 그러할 것이다. 꿈이 두번째 생, 아니 어쩌면 첫번째 생인 이 사람은 꿈으로부터 회화를 해방한다. 그는 회화에…… 현실에서 더 이상 하나의 질료를 보지 않을 권리를 부여함으로써…… 회화를 음악가들이 잘 아는 특수한 세계로 만든다."

이런 공을 고야에게 돌리는 게 정당한지 나는 잘 모르겠다. 고야의 그림들이 말로가 보는 방식대로 이해되는 것은 우리 시대의 일이다. 자기 안에 갇힌 귀머거리 화가 고야는 영향력이 별로 없었다. 하지만 그는 최근 두 세기의 회화를 지배하고 있다. 그의 침묵의 성향이 알려진 것은 최근인데, 이 성향은 그로 하여금 이웃들이 '귀머거리의 집'이라 부르던 집에서 오로지 자기만을 위해 그의 가장 강력한 그림 중 몇 작품을 그리게 했다. 이를테면 고야는 아무것도 소통하지 않았다. 귀머거리인 그는 오로지 무기력 속에서, 침묵하는 포기 가운데 스스로를 이해시키고자 했다.

더군다나 그의 세계의 침묵은 특히 또다른 가치를 갖고 있다. 그것은 대체로, **불가능**을 격렬하게 표현했던 하나의 외침에서 온 침묵이다. 하지만 그의 그림들, 데생들, 판화들은 어쨌거나 이야기하고 의미했다. 몇 안 되는 작품을 제외하면, 그것들은 색채와 형태의 유희로 환원되지 않고 있었다.

우리는 마네 말고 다른 화가들에게서도, 이야기하는 언어에서, 다시 말해 '사실적이거나 상상적인 광경'에서 벌거벗은 것, 곧 '점, 색채, 운동'으로 회화가 이행하는 모습을 발견할 수 있다. 말로는 다른 데서 몇몇 이름을 든다. 우리는 샤르댕 또는 들라크루아, 쿠르베 또는 터너의 회화에서 서광이 나타나는 것을 보지 않을 수 없다. 어쩌면 회화의 도처에서…….

그러나 그리는 예술 말고 다른 의미를 갖지 않는 회화, 이른바 '현대 회화'의 탄생에 대해 우리는 무엇보다 마네에게 확실하게 공을 돌려야만 한다. 말로는 〈막시밀리안황제의 처형〉에 대해 이렇게 쓴다. "이것은 고야의 〈5월 3일〉이다. 고야의 그림이 의미하는 바를 빼고 말이다." "회화에 이질적인 모든 가치"에 대한 거부, 주제의 의미에 대한 무심함은 바로 마네에서 출발한다. 말로는 도미에에 대해서도 같은 취지로 쓰면서 마네의 결정적 역할을 강조한다. "마네의 세탁부는 도미에의 세탁부였을 것이다.

후자가 의미하는 바를 뺀다면 말이다." 그는 이렇게 정리한다. "현대의 화가들은 회화에 이질적인 모든 가치를 거부함으로써" 도미에와 "갈라설 것이다."

그렇지만 어떤 의미에서는, 말로가 현대 예술의 탄생을 말하면서 고야를 지목한 것도 틀린 것은 아니었다. 스페인에서 마네는 고야에게 전혀 관심을 보이지 않았다. 프라도박물관에서 그의 눈에 중요해 보였던 것은 헐벗은 회화에 가장 가까운 벨라스케스였다. 고야의 예술은 전반적으로 과거에 속한다. 하지만 그는 고뇌에 찬 움직임 가운데 과거로부터 벗어나려고 시도했다. 고야는 아마도 그의 방법들에 의해 과거의 신전을 구축하고 장식하던 이들과 닮았다. 하지만 그는 자신의 긴장된 힘을 다해 내부에서부터 그것의 토대를 공격했다. 그가 의미했던 것은 하나의 불협화음, 하나의 불안이었는데, 거기서는 예의 축조물이 표현하며 존재이유를 얻는 바로 그것이 부인되고 있었다. 신전이 갖고 있던 사명은 보호하고 안심시키고 단언하는 것이었다. 한데 고야는 신전이 그를 진정시키지 못한다는 사실, 그리고 모든 축조물이 갖는 부조리, 잔인함, 부패를 내면으로부터 외쳤다. 고야는 밤에 일어난 신전의 화재이고, 아카데미즘의 고통스럽고 부정적이고 발작적인 반대급부인바, 이것의 긍정적 의미는 죽음, 다시 말해 돌이킬 수 없는 퇴락—죽음—그리고 공허이다.

고야는 정말로 하나의 폭풍우였지만, 이따금 평온과 무기력이, 붕괴에 뒤이은 시기의 가능성과 풍요를 엿볼 기회를 주기도 했다. 말로가 그의 책에서 〈보르도의 우유배달부〉에 대해 말하는 것은 옳은데, 이 그림은 늙은 손의 떨림 가운데 포착되고 표출된 빛의 유희일 따름이다. 그보다 삼십 년 전에 그린 라 플로리다 성당의 천장화 또한 같은 의미를 갖고 있었다. 이런 그림 또는 프레스코화들의 위대함은 아마도 지나간―아니면 그의 내면에 집적된―폭풍우와 관련된다. 그 위대함은 붓이 정착시킨 가장 혼란스러운 화재의 비전을 질식하는 고야가 고뇌로부터 끌어내던 그 과거 너머에 진작부터 위치하는 것이다.

오로지 죽기 위해 솟아오른 이 부르짖는 사내의 비전, 우리가 〈1808년 5월 3일〉이라고 부르는 이 총살 장면은 죽음 자체의 출현에 다름 아니다. 이 죽음은 바로 우리를 벗어나는 죽음이고, 원칙적으로 우리가 결코 알 수 없는 죽음이다. 왜냐하면 죽음이란 발생과 함께 인식을 파괴하기 때문이다. 고야는 〈5월 3일〉에서 죽음의 찰나적 미광을 포착하고, 그 섬광은 빛의 폭발을 넘어선다. 한데 이 미광의 비전을 강도强度가 파괴한다……. 회화의 웅변이 이보다 더 멀리 간 적이 있을까? 하지만 그 외침은 결정적인 침묵처럼, 웅변의 질식처럼 우리에게 와닿는다.

마네는 이 그림을 1865년에 마드리드에서 보았고, 1867년 〈막시밀리안황제의 처형〉을 그렸다.

이 두 유명한 그림의 접근은 불가피한 것이다. 그러나 둘 사이의 차이는 작지 않다. 표면적으로—어쨌거나 의도적으로—마네는 작업 대상으로 꽃이나 생선을 선택했을 때와 똑같이 무심하게 사형수의 죽음을 그렸다. 마네의 그림이 이야기를 하는 것은 사실이다. 그것은 고야의 것 못지않게 이야기한다. 하지만 이야기가 이루어지는 것은 회화가 이야기하는 것에 대한 무심함 속에서이다. 〈발코니〉를 그린 화가의 다른 그림들은 아무것도 이야기하지 않는다. 하지만 그 모든 그림 가운데 〈막시밀리안황제의 처형〉이 가장 덜 수다스럽다. 물론 분명히 마네는 정확한 디테일을 지켰다. 하지만 그 세밀함 자체가 부정적이다. 이 그림은 웅변의 부정이다. 그것은, 마치 언어가 그리하듯, 감정을 표현하는 그림의 부정이다.

마네는 〈막시밀리안황제의 처형〉을 떨쳐버리지 못했다고 말로는 단언한다. 사실 〈막시밀리안황제의 처형〉은, 마네가 닿을 수 없는 것에 도달한 드문 그림들 가운데 하나는 아니다. 하지만 그는 자신이 해결하고자 했던 어려움을 거기서 극복하고 있는 듯 보인다. 말로도 그것을 인정한다. 그는 마네가 주제의 의미를 지웠다고 말한다. 주제를 지우고 파괴하는 것은 현대 회화의 일이다. 하지만 정확히 말하자면 주제의 부재는 아니다. 각각의 그림은 많건 적건 하나의 주제, 하나의 제목을 유지한다. 하지만 그 주제, 그 제목은 무의미하며 회화의 **구실**에 불과해진다. 우선 병사들을 통해 방법적으로, 차갑게 제시된 죽음은 무심함과 부합하지 않는다. 그것은 의미가 실린 주제로서, 그로부터 격렬한 감정이 발산된다. 하지만 마네는 이를 무감각하게 그린 것처럼 보인다. 그리고 관람자는 그의 뒤를 따라 그 깊은 무감각 속으로 들어간다. 이 그림은 이상하게도 치아의 마취를 상기시킨다. 거기서 배어나오는 것은 엄습하는 마비의 느낌이다. 마치 능숙한 의사가 "웅변을 붙잡아 목을 비틀라"는 첫번째 강령을 습관에 따라 성실히 적용하기라도 한 것처럼 말이다. 마네는 몇 사람에게 포즈를 취하게 했다. 그중 일부는 죽는 사람의 자세를 취했고, 다른 이들은 죽이는, 하지만 마치 "래디시 한 단"을 사듯 대수롭지 않은 방식으로 죽이는 사람의 자세를 취했다. 그리하여 진짜든 가짜든 모든 웅변의 요소가 제거되었다. 남은 것은 여러 색채와 주제로부터 하나의 감정이 생겨났어야만 한다는 혼란스러운 느낌뿐이니, 그것은 바로 이상한 부재의 느낌이다.

어떤 의미에서 마네는 이 그림을 떨쳐버리지 못했다고 말할 수 있다. 색채가 **노래하지 않기** 때문이다. 하지만 그럼에도 불구하고 이 부재로부터 묵직한 충만함이 발산하여 그림을 바라보는 시선을 사로잡고 가득 채운다. 이 충만함, 이 무게는 웅변적 회화의 화려함 속에서는 발견할 수 없을 것이다. 동시대 화가인 메소니에의 그림들처럼 소박한 웅변의 회화라고 할지라도 말이다. 이 충만함, 이 무게는 아마도 침묵 가운데 주권적으로 존재하는 현대인에게 필수적인 것이다. 그는 평범한 삶을 배열하고, 모두의 감정을 왜곡하며, 그것들을 우스꽝스러운 비굴함 가운데 놓는 과장된 수다를 거부해야 한다. 〈막시밀리안황제의 처형〉이—부정적으로—재현하는 것은 맥빠진 코미디로부터, 과거의 찌꺼기와 먼지로부터 해방된 충만한 세계이다. 그러나 이 그림과 〈5월 3일〉의 상반된 입장 사이에는 하나의 놀라운 유사성이 존재한다. 그것은 두 그림 모두에서 회화가 '결정적 침묵'에 도달한다는 점이다. 〈막시밀리안황제의 처형〉은 "회화에 이질적인 모든 가치"의 말소 가운데 거기에 도달한다.

이런 유사성의 의미를 과소평가해서는 안 된다. 어쩌면 여기서, 때로 자신의 회화를 죽음과 결부시키는 마네의 특성에 대해 말하는 것이 필요하다. 마네는 기꺼이 죽음을 재현했다. 그는 〈죽은 투우사〉의 배치(시체의 자세)를 위해 벨라스케스의 유화(혹은 판화)를 모사했다. 파리코뮌에 대한 베르사유 정부군의 진압 당시 그가 데생한 거리의 죽은 사람에게서는 똑같은 자세가 발견된다. 그는 또한 〈막시밀리안황제의 처형〉의 테마를 되풀이했는데, 이번에는 거리의 장면들로부터 그것을 끌어냈다. 그는 그것들을 관찰하고 또 그리고 싶었던 것이다. 1870년 초에 그린 〈장례식〉 역시 죽음의 표현이 그에게 행사하는 매력을 보여준다는 점에서 의미심장하다. 하지만 끔찍함을 부인하고—또는 극복하고—그것을 빛의 순진함으로 환원시키고자 하는 욕망이 가장 선명하게 표명되는 것은, 손끝에 권총이 매달려 있는 1877년의 〈자살한 사람〉이다.(아주 젊어서 마네는 이미 〈해부학 수업〉• 을 모사했었다.)

현대 회화는, 비록 거기에 아무런 믿음도 결부시키지 않지만, **부재**에 의해—다시 말해 그것이 아무 말 없이 빛의 유희를 향해 열어놓는 초점 없는 흰 시선 가운데—, 성대함과 존경이 가득한 세계 속에서 고야의 **과잉**excès이 가닿는 것에 도달한다. 마네에게는, 고야가 과잉으로 바꾸면서 용인할 수 없는 차원에 가져다놓는 근엄함이 **부재**했다. 이따금 고야의 세계는 신성하다. 하지만 그것은 원시적 깊이로부터 솟아오른다. 고야는 폭력에 의해 현재의 성대한 **규약들**을 부인한다. 현대의 명료함—합의된 감정들의 폐지, 침묵—은 내적 폭력으로 이루어져 있고, 이는 그것의 본질이다. 고야는 자신의 어둠 속에서 최악을 감수하며 이 명료함에 도달한다. 그는 그렇게 최초의 현대인이었다. 비록 명백한 방식으로 처음 그 길을 연 것은 마네의 현대성뿐이지만 말이다.

현대 예술을 향한 방대한 논의에서 관건이 되는 인간적 형태의

• 렘브란트의 그림을 가리킨다.

복합성은 종종 우리를 혼란스럽게 한다. 하지만 그 복합성은 명료한 요소들로 환원될 수 있다.

과거에 예술은 주권적 형태들—곧 신이나 왕과 관련된 형태들(아주 먼 옛날에 이것들은 서로 혼동되었다)—을 표현했다. 이 형태들은 마네의 회화가 감당한 변화를 앞두고 매우 변질된 모습으로 나타난다. 그리고 그것들은 결국 거의 무의미한 것이 되고, 그 무의미로써 거추장스럽게 자리만 차지한다. 이 무의미는 부르주아적 사유의 지배에 연결되어 있는데, 이 사유는 가장 범용한 형태 아래, 심지어 잔존하는 귀족계급에게까지 부과된다. 이 사유는 정말로 위엄 있는 것, 논란의 여지없이 고개를 숙이게 만드는 것을 전혀 구상하지 못하는 무능으로 이루어진다. 여기서 비롯되는 것이 바로 형태의 무정부 상태인데, 이는 다양한 가능성을 향해 열려 있되, 세계가 더이상 믿을 힘을 갖고 있지 않은, 하지만 형식적으로 존속하는 위엄 있는 것을 부정하길 거부한다.(이 세계는 그 믿음에 필요한 단 하나의 유효한 힘을 잃어버렸으니, 이 힘은 순진함에 속하는 것이다. 기독교는 계속해서 존속한다. 그러나 기독교적 순진함은 이제 대중적이지도 않다. 그것은 더이상 일반적이지도 않은 것이다.) 이런 국면에서 귀족계급은 더이상 의미가 없다. 순진함이 없는 귀족계급은 부르주아에 불과하다. 민중은 새로운 형태들을 스스로 창조할 수 없고, 부르주아만이 그럴 여유가 있는데, 이 부르주아는 공허한 전통의 지지자들과 이런 전통을 부정하는 이들로 나뉜다. 예술의 영역에서 이 부정은 정치적 부정과 일치하지 않는다.(공화주의자인 마네는 이렇게 말했다. "이상해. 공화주의자들이 예술에 대해 말할 때는 그토록 반동적이라니.") 그런데 여기서 부정의 대상은 과거의 충만한 형태들이 아니라 그 공허한 존속이었다.(마네는 쿠튀르를 부정했지만 티치아노나 렘브란트를 부정하지는 않았다.) 거짓 위엄에 복종하는 일은 이제 천박함으로 나타났다. 따라서 바깥으로부터 주어진 규약의 위엄으로부터 독립된 자리에서, 논란의 여지가 없는 어떤 현실, 다시 말해 거짓말에 의해 거대한 유용성의 기계에 굴복하지 않는 어떤 현실을 찾아야만 했다. 한데 그런 주권이 발견되는 것은 예술의 침묵뿐이었다. 오늘날 주권적인 것, 위엄 있는 것은 결코 현재의 형태들 속에 결코 나타나지 않는다. 주권적인 것은 궁전 또는 사원을 새로이 배열할 수 없다. 그것은 오로지 말로가 세잔의 사과들에 부여하는, 〈올랭피아〉에 드러나는, 〈막시밀리안황제의 처형〉의 위대함을 이루는 '은밀한 왕권' 속에서만 나타난다. 이 왕권은 그 자체로는 아무 이미지에도 속하지 않는다. 그것은 자기 안에서 주권적 침묵의 지점에 도달하는 이의 열정에 속하는 것으로서, 그의 회화는 이 주권적 침묵의 지점을 표현하는 동시에 그 안에서 스스로 변모한다. 그리하여 회화는 이제 부르주아적 무거움에 완전히 종속된 세계로부터 대상들을, 대상의 이미지들을 떼어내는 예술로 나타난다. 앙드레

말로가 그것을 제일 먼저 단언했다. 우리 미술관들에서 볼 수 있는 현대 회화는 현시대가 축조한 유일한 대성당이라는 것이다. 하지만 이 대성당은 본질적으로 은밀하다. 오늘날 신성한 것은 공표될 수 없다. 신성한 것은 이제 말이 없다. 이 세계는 내면적이고 말이 없으며 일종의 부정성을 지닌 변모만을 알 뿐이다. 내가 그것에 대해 말하는 것은 가능하다. 하지만 나는 결정적 침묵에 대해 말할 뿐이다.

또 하나 말해야 할 것은 미술관에서 현대 회화가 과거의 회화와 합류할 때, 이 과거의 회화는 현대 회화의 것과 유사한 침묵 속으로 들어간다는 사실이다. 그것은, 어떤 확언의 총체를 감당하던 축조물, 그러나 그 확언을 들으며 그것에 생명을 부여하던 이들에 의해 현실이 된 축조물과 분리되면서 침묵 속으로 들어간다. 우리에게 옛 회화의 아름다움은 이제 현대 회화의 아름다움과 유사하다. 예전에 그것에 결부되어 있던 담화를 우리는 더이상 듣지 않기 때문이다. 우리는, 형태의 언어 이전 또는 너머에서 화가들이 제시해놓은 것, 말하자면 이해 가능한 의미가 추월되는 빛의 마술적 유희만을 볼 따름이다. 오늘날 우리가 위엄 있는 이미지들에서 식별하는 것은 이제 더이상 정치적이거나 신화적인 구조들에 연결된 어떤 규정된 위엄의 표현이 아니라 일체의 정치적 의미와 무관한 하나의 위엄의 표현이다. 마침내 단순해진 이 위엄은 진정으로 자유로운 각 인간의 위엄이니, 그것은 가능한 형태들이 벌이는 거대한 유희의 모습을 띤다. 한데 모든 시대 회화의 그 같은 근친성에서 고야 작품의 위치는 예외적인바, 그것은 내가 말한 것처럼 스스로 도달하는 침묵에 의해 우리와 더욱 가까운 자리에 놓인다. 고야는 자신이 참여하는 시스템의 토대를 무너뜨리면서 예술, 즉 예술과, 그가 이를 갈고 있는 침묵에 단호히 최고의 가치를 두었던 까닭이다.

통상 예술에 지고의 가치를 결부시킬 가능성이 우리를 벗어나는 것이 사실이다. 과거의 시스템이 우리 안에 하나의 습관처럼 무기력하게 존속하고 있기 때문이다. 예전에 인간 존재 너머에 국한되던 힘을 예술이 창조되고 전파되는, 그토록 가깝고 그토록 저속한 이 세계에 부여하기란 어려운 일이다. 하지만 그럼에도 불구하고 이 세계는 그런 힘을 실제로 겪었다. 그것은 아무도 이해하지 못할 동요에 사로잡히기도 했다. 그것은 존재 이유를 갖지 못했기에 거기서 불행한 열기만을 보는 것은 쉬운 일이다. 하지만 화가들과 시인들의 일상적 만남들로부터 하나의 환경이 형성되었는데, 이 환경은 어떤 종파의 환경과 비슷했으니, 종파에서 보는 것 같은 편리한 구실이 아니라면 그 과장과 기이함을 갖고 있었다. 사실 이와 같은 만남과 강도 높은 열정은 프랑스에만 있었다. 회의주의, 다시 말해 회의주의와, 과거가 분명히 붕괴된다는 생각이 한층 깊게 표출되었던 프랑스 말이다.

〈올랭피아〉 스캔들

―― 우리를 놀라게 만드는 엄청난 군중의 반응과 분노가 있었던 곳 역시 프랑스이다.

새로움이 특히 거슬리는 사람들은 과거의 형태에 피상적 충실함으로 매달리는―그 어떤 강렬한 것도 생기를 불어넣지 못하는―이들이라는 사실을 이해하기는 일반적으로 쉬운 일이다. 새로움이 깊은 만큼, 그리고 그들이 애쓸 필요 없이 그 안에서 편안하게 살고 있는 축조물 자체를 문제삼는 만큼 그 새로움은 그들에게 더욱 거슬린다. 과거에는 변화를 더 잘 받아들였으니, 그것은 논란의 여지가 없는 지고의 가치에 대한 확신 덕분이었거니와, 축조물은 과거의 눈에 필요한 표현이었다. 그러나 파리의 군중을 마네와 그토록 강하게 대립시킨 것은 양식의 문제가 아니다. 그것은 마네의 회화가 본질적인 것을 문제삼고 있다는 정당한 느낌 때문이었다. 창조하는 사람이 작동시키는—설명되지 않으며 모호한—종교적 열기에 대꾸한 것은 일반의 분노였다. 한편에는 굳은 결심이 있고, 그것은 자기희생에까지 이르는 것이었다. "보들레르부터 베를렌까지, 도미에부터 모딜리아니까지, 얼마나 많은 사람의 희생이 있었던가! 그토록 많은 위대한 예술가들이 미지未知의 신에게 그토록 많은 희생을 바친 경우는 드물다. 미지의, 왜냐하면 그에게 봉사하는 이들이 그의 위대함을 알았을지언정, 오로지 그들 고유의 언어, 곧 회화 속에서만 그것을 알아볼 수 있었으므로."(앙드레 말로) 미지의, 하지만 수립되어 있는 법의 위반은 회화라고 하는 일종의 신성한 영역에서 이루어졌고, 명백하게 파악된 것이 아니라면 최소한 분명하게 느껴지는 것이었다. 미지의, 그러나 결국 자기 확신을 주는.

문제가 되는 것은 부르주아계급의 내적 갈등이다. 귀족 세계는 생명력을 상실했고, 부르주아의 순응주의는 빈 형태들만을 유지하고자 했다. 그러나 부르주아라는 순응주의적 대중에 소수가 대립했다. 바로 비순응주의적 '예술가들'이었다. 갈등의 가장 의미심장하고— 가장 첨예한—국면을 연 것은 1865년 살롱전이고, 이때 〈올랭피아〉가 입선했다. 일반적으로 〈올랭피아〉는 마네의 걸작으로 간주된다. 내가 보기에도 그렇다. 하지만 〈올랭피아〉는 관람객의 분노에 찬 웃음이 절정에 달하게 만든 그림이기도 하다. 관람객이 분별력을 갖고 있기라도 한 것처럼, 또는 맹목적 본능이 그들을 이끌기라도 한 것처럼.

우리는 **주제의 파괴**, 최소한 주제의 의미작용의 파괴가 〈막시밀리안황제의 처형〉의 본질적인 부분임을 살펴보았다. 그것은 〈올랭피아〉에서 더욱 섬세하게 나타나거니와, 생각건대 그것은 거기서 한층 더 본질적이고, 한층 더 도발적이다. 하지만 이 그림이 그토록 큰 스캔들이 되게 만든 것을 검토하기 이전에, **〈올랭피아〉 스캔들**은 과연 어떤 것이었는지 보여주는 게 좋겠다.

그 같은 그림은 "폭동을 유발할" 수도 있을 것이다. 이는 장 라브넬이라는 사람이 『에포크*L'Époque*』지에서 한 말이다. 쥘 클라르티는 『아르티스트*L'Artiste*』지에서 말했다. "내가 알지 못하는 곳에서 주워온, 올랭피아를 보여준다는 이 추악한 모델, 누런 배를 한 이 오달리스크•는 대체 뭔가?" 나중에 마네를 지지하게 될 비평가 에르네스트 셰노는 『콩스티튀시오넬*Le Constitutionnel*』지에 이렇게 썼다. "그는 거의 스캔들에 가까운 웃음을 유발하기에 이르고, 이 웃음은 그가 올랭피아라고 부르는 우스꽝스러운 존재 앞으로 살롱전 방문객들을 모은다." 테오필 고티에의 딸은 『앙트락트*L'Entr'acte*』지에 "전시회에는 어릿광대가 있다. ……예술가

• odalisque. 오스만투르크제국에서 황제를 가까이 모시던 궁녀 또는 여자 노예를 가리키며, 19세기에 서양 회화의 소재로 등장하기도 했다.

가운데 재주를 넘고 혀를 내미는 사람이 있다"라고 썼다. "이 같은, 이보다 더 냉소적인 효과를 낳는 구경거리를 사람들이 눈으로 직접 본 적은 결코 없었다. 일종의 암컷 고릴라라고나 할 이 '올랭피아'……" 하며 아메데 캉탈루브는 『그랑 주르날*Le Grand Journal*』에서 웃음을 터뜨렸다. 『프티 주르날*Le Petit Journal*』에서 에드몽 아부는 결론을 내리고자 했다. "마네 씨에게 평화를! 조롱은 그의 그림들에 내려진 정당한 벌이었다." 가장 깊은 혐오를 과장되게 느꼈던 사람은 권위 있는 비평가였던 폴 드 생빅토르이다. 그는 『프레스*La Presse*』지에 이렇게 썼다. "군중은 마치 시체 공시장으로 몰려들 듯 마네 씨가 숙성시킨 '올랭피아' 앞으로 몰려든다. 그토록 낮은 곳으로 내려간 예술은 심지어 비난할 가치조차 없다. '저들에 대해서는 말하지 않기로 하세. 그냥 보고 지나가게.' 지옥의 밑바닥 가운데 하나를 가로지르며 베르길리우스가 단테에게 한 말이다." 현재 루브르에 걸려 있는 걸작 가운데 하나가 첫선을 보이던 날 터져 나온 말들이다.•

보들레르가 각별히 높이 평가했던 시인 테오필 고티에의 태도는 주목할 만하다. 그는 마네의 초기 시도들에 대해 떠들썩한 갈채를 보냈다. 1830년의 『에르나니』 싸움•• 당시 그의 붉은 조끼가

• 오늘날 마네의 〈올랭피아〉는 1986년에 개관한 오르세미술관으로 이관되었다.

부르주아적 순응주의에 대한 가장 격렬한 공격을 가리켰음을 우리는 안다. 하지만 〈올랭피아〉 앞에서는?

"많은 사람들의 눈에는 그저 지나가면서 웃어넘기면 그만인 것으로 보일 수 있다. 하지만 그것은 실수이다. 마네 씨는 가볍게 볼 인물이 아니니다. 그는 유파를, 찬미자들을, 심지어 숭배자들을 갖고 있다. 그의 영향력은 우리가 생각하는 것보다 훨씬 크다. 마네 씨는 위험한 인물이라는 영예를 갖고 있다. 그러나 위험은 이제 지나갔다. 〈올랭피아〉는 어떤 관점으로도 설명되지 않는다. 그것을 있는 그대로, 곧 침대 시트 위에 누운 빈약한 모델 그대로 받아들인다고 하더라도 그렇다. 피부의 색조는 지저분하고 모사는 형편없다. 음영은 구두약을 칠한 것 같은 넓고 좁은 선들에 의해 지시된다. 하지만 종이로 감싼 꽃다발을 가져오는 흑인 하녀와, 침대에 진흙 묻은 발자국을 남기는 검은 고양이에 대해서는 무슨 말을 하겠는가? 우리는 추함을, 만약 그것이 진실되고 공을 들였으며 어떤 찬란한 색채의 효과에 의해 격조를 얻었다면, 다시 한번 용서할 수 있으리라. 그러나 여기에는, 우리는 이렇게 말하게 되어 심히 언짢은데, 무슨 수를 써서라도 시선을 끌고야 말겠다는 의지 이외에 아무것도 없다."

•• 1830년 빅토르 위고의 희곡 『에르나니』의 공연을 두고 낭만파와 신고전파가 대립했던 사건. 위고와 고티에 등이 이끄는 낭만파는 공연을 방해하려는 신고전파의 공격을 이겨냈고, 이후 낭만파가 프랑스 문학을 주도하게 되었다.

보고도 보지 못하는 이런 눈들은, 불안한 시인의 말에 일말의 고뇌가 없지 않은 만큼, 더욱 놀랍게 여겨진다.

몇 년 뒤 (1868년 5월 11일자 『모니퇴르 *Le Moniteur*』지에) 고티에는 세계가 바뀌던 밤을 아주 이상한 방식으로 조명하는 다음의 몇 줄을 쓴다.

"사람들은, 마네를 인정하지 않으면, 자신이 속물, 부르주아, 조제프 프뤼돔• 같은자, 아니면 세밀화 또는 도자기 위에 그려진 복제화나 좋아하는 얼간이, 그도 아니면 다비드의 〈사비니 여인들의 납치〉에서 재능을 보는 시대에 뒤떨어진 사람으로 보일까봐 겁을 내는 것 같다. 그들은 혹시 젊은 세대의 대담함을 이해하지 못하는 뚱보나 대머리가 된 게 아닌가 싶어 일종의 두려움 가운데 스스로를 더듬어본다…….

그들은 각자 속으로 말한다. '나는 정말로 멍청이, 정신이 노아의 홍수 이전에 머물러 있는 시대에 뒤떨어진 사람인가……?' 그들은 삼십 년 전 들라크루아, 드캉, 불랑제, 코로, 루소의 초기 회화가 불어넣었던 끔찍함을 생각한다. 이 화가들은 오랫동안 살롱전에서 배제되었다. 앵그르조차도 아주 힘들게 인정받을 수 있었다. 사람들은 그가 미술을 16세기의 그로테스크한 야만으로

• Joseph Prudhomme. 19세기 프랑스의 극작가이자 배우, 캐리커처 작가인 앙리 모니에가 창조한 인물. 거만하고 순응주의적이고 어리석고 뚱뚱한 모습으로 표현되며, 19세기 프랑스 부르주아를 희화적으로 보여준다.

되돌아가게 한다며 비난했었다. 이 말은 당시의 기사에서 뽑아낸 그대로이다. 세심한 사람들은 충격적인 그림들을 앞에 두고, 미술에서는 이십 년을 함께한 세대의 작품 말고 다른 것을 이해하는 게 불가능한 일인지 자문했다. ……쿠르베, 마네, 모네 등등의 그림들은 낭만주의적 헤어스타일을 한 우리가 미처 포착하지 못하는 아름다움을 담고 있을 수 있다.

마네 씨의 회화에는 절대 아무것도 없다고 말해야 할까? 그의 가장 작은 유화에도 그의 것임을 알아볼 수 있게 해주는 특징이 있다. 그것은 고유 색조의 절대적 통일성으로, 실제로 모사, 명암, 중간 뉘앙스, 그리고 디테일의 희생을 통해서 획득된 것이다."

고티에의 잘 알려진 문장이 말하는 것처럼, 우리가 이십 년 동안의 대담함을 넘어서지 못한다는 말•은 종종 가능한 이야기일 수 있다. 하지만 이런 견해는 완만하고 한결같은 발전, 식물의 성장처럼 시간과 함께 지속적으로 나타나는 일종의 양적 차이를 함축한다. 고티에가 말하는 법칙은, 그것이 이미 과거에 언제나 작용했고, 미래에도 마찬가지로 작용한다는 조건하에서만 의미를 갖는다. 한데 그것은 고티에 이전에 한번도 작용한 적이 없는 법칙이다. 다른 한편 현재를 기준으로 볼 때 적어도 이십 년 전부

• 바로 위의 "미술에서는 이십 년을 함께한 세대의 작품 말고 다른 것을 이해하는 게 불가능" 하다는 말을 가리킨다.

터 세대들을 서로 대립하게 만드는 새로운 대담함이라고는 도대체 없는 듯 여겨진다. 1930년 이후 새로움의 성격을 지니며 앞선 세대로 하여금 활동을 멈추게 만드는 스캔들이라고는 전혀 일어나지 않았다. 회화가 드러낸 정신의 움직임들은 아마도 다른 예술이 드러내는 것보다 더 깊지 않으면 최소한 더 분명하거나 파악이 더 용이하다. 마네와 더불어 시작하는 인상주의에서—야수파와 입체파를 거쳐—초현실주의에 이르기까지, 회화에는 격렬한 전복이, 오랜 열기가 있었고, 스캔들은 그것을 보여주는 징후이다. 그런데 이 스캔들에 명확한 경계를 부여해줄 수 있는 것은 아무것도 없다. 우리가 보기에 이런 다양한 움직임은 하나의 방대한 변화의 다양한 양상에 불과하다. 여기서 변화는 하나의 규정 가능한 상태에서 다른 규정 가능한 상태로의 이행이 아니다. 본질적인 차원에서 (들라크루아가 탄복했던) 메소니에로부터 〈올랭피아〉까지의 거리는 메소니에로부터 피카소까지의 거리보다 어쩌면 가깝지 않다. 다만 그 거리는 매번 더 진한 검은색 선으로 표시되어야만 하리라. 그러나 오늘날에도 여전히 이 거리를 새로운 선으로 표시할 길을 찾은 사람은 아무도 없다. 이런 사실이 우리에게 어떤 결과를 초래하는지를 마네에 대한 개별 연구에서 다루는 것은 부질없는 일인 듯 여겨진다. 하지만 아마도 그 결과는 우선, 그리고 무엇보다도 먼저…… 어둠인 듯 보인다. 마네 이후의 다양한 회화는 침묵이 깊이 지배하며, 예술이 지고의 가치로 작용하는 새로운 지점에서 맞닥뜨린 다양한 가능성이다. 예술 일반, 그것은 모든 기도企圖, 모든 주어진 시스템(그리고 심지어 개인주의 자체)에서 떨어져 나온 개인적, 독자적 인간을 뜻한다. 예술 작품은 여기서 과거에—가장 먼 과거에—신성했던 모든 것, 위엄 있던 모든 것의 자리를 차지한다.

우리는 새로운 세계로 들어서고, 〈올랭피아〉 위로 막이 오른다.

올랭피아는 "신성한 끔찍함을 발산한다." "그녀는 스캔들이고 우상이다…… 그녀의 머리는 비어 있다. 검은색 벨벳 끈이 존재의 본질적인 부분으로부터 그녀를 고립시킨다……."

발레리—그에게서 나는 〈올랭피아〉를 일종의 시적 방식으로 묘사하는 이 몇 마디를 (불필요한 맥락으로부터 분리하고 절단하면서) 빌려오고 있다—는, 보들레르가 마네의 다른 그림과 썩 어울리지 않게 연결하는 시구를 〈올랭피아〉와 결부시킨다. 과연

> 장밋빛과 검은빛 보석의 예기치 않은 매력……

이 "반짝이는 것을 보는" 것은 〈올랭피아〉이지 〈발렌시아의 롤라〉가 아니다.

시인과 화가 사이에서 발레리는 "불안의 실제적인 친화력"을 감지했다. 하지만 그는 피상적인 접근 속에서 그것을 포착했다.

그는 말했다. "얇은 시집 『악의 꽃』을 뒤적이며, 시 주제들의 의미심장하고 응축된 것 같은 다양성을 관찰하고, 그것을 마네의 작품 카탈로그에서 드러나는 모티프의 다양성과 비교해보는 것만으로도 충분하다……." 그리고 이렇게 덧붙였다. "「축복」「파리 풍경」「보석」「넝마주이들의 술」을 쓴 사람과 〈그리스도와 천사들〉〈올랭피아〉〈발렌시아의 롤라〉〈압생트 마시는 사람〉을 그린 사람 사이에는 어떤 깊은 상응이 없을 수가 없다." 하지만 설사 그 유사성이 밀접할지언정, 화가와 시인을 이어주는 것이 주제의 선택은 아니리라. 한데 그 같은 전제는 발레리를 〈올랭피아〉에 대한 그의 설명에서 가장 동의하기 힘든 부분으로 이끌었다. "벌거벗은 차가운 올랭피아, 흑인 하녀가 찬미하는 진부한 사랑의 괴물……"은 그의 눈에 "사회의 남루한 비밀의 힘과 공공연한 현존"으로 나타난다. 그녀는 "더없이 추잡한 여인이니, 그 자세는 부끄러움이라고는 전혀 모르는 순진한 무지가 있어야만 가능한 것이다. 절대적 벌거벗음에 바쳐진, 짐승 같은 처녀인 그녀는 대도시의 매춘 일과 풍습 속에 감춰지고 보존된 모든 원초적 야만과 제의적 동물성을 꿈꾸게 해준다." 이 말은 어떤 의미에서는 애초에 〈올랭피아〉의 **텍스트**였을 수 있다.(하지만 논란의 여지는 있다.) 하지만 당시 한 신문에 실렸던 케레타로에서의 비극적 사건 기사가 〈막시밀리안황제의 처형〉에서 떨어져 나가는 것과 마찬가지로, 이 텍스트는 〈올랭피아〉에서 떨어져나간다. 두 경우 모두 그림에 의해 텍스트가 지워진다. **그림이 의미하는 것은 텍스트가 아니라 그 지워짐이다.** 발레리가 말하는 것을 마네가 말하길 원하지 않는 것과 같은 정도로—오히려 그가 그 의미를 지운(산산조각낸) 것과 같은 정도로—그 여자는 거기 있다. 도발적 정확함 가운데 그녀는 **아무것도** 아니다. 그녀의 벌거벗음(실제로 육체의 벌거벗음과 일치하는)은 난파한 배, 빈 배에서 스며 나오는 침묵처럼 그녀로부터 배어나오는 침묵이다. 그녀의 모습은 그녀의 현존의—부재의 단순함을 지닌 현존의—"신성한 끔찍함"이다. 살롱전의 관람객들에게 '고릴라'의 추악함으로 나타났던 생경한 사실주의는 우리가 보기에 **눈에 보이는 것**을 **눈에 보이는 것**의 말없는 단순함으로, 입을 벌린 단순함으로 환원시키고자 하는 화가의 배려이다. 졸라의 사실주의는 묘사하는 것에 위치를 부여하고, 이런 점에서 마네는 사실주의와 결별한다. 마네의 사실주의—적어도 〈올랭피아〉의 사실주의—는 **아무데도** 위치시키지 않는 힘을 가졌다. 산문적 언어의 움직임이 드러내는 매혹 없는 세계도, 허구의 발작적인 배열도 그것을 위한 자리는 될 수 없었다. 확실히 허구의 배열은 〈올랭피아〉에서 파괴되었다. 그리하여 취기의 와중에까지 아카데미에 의해 규정되는 쿠튀르의 구성은 벌거벗은 모델의 무례함으로 대체된다.

스캔들을 일으킨 것은 마네의 **파괴**가 보여준 결연한 생경함이다. 그 경직성은 우리를 매혹하거니와, 이제 예술은, 예전에 주권적 형상들의 위대함을 이루던 합의된 감정의 위엄을 대체하는 지고의 가치(또는 지고의 **매혹**)를 추구한다. 스캔들을 일으킨 것은 수많은 규약에 묶어놓는 끈으로부터 해방된 단도직입적인 **인간성**이다. 그 규약들을 발화하는 것은 웅변과 산문, 수다와 설교이다. 〈올랭피아〉를 바라볼 때 우리를 지배하는 것은 말소의 감정이다. 순수한 상태, 곧 웅변이 산출한 거짓에 얽는 끈을 주권적으로, 침묵으로 끊어버린 존재의 상태가 행사하는 매혹의 정확함이다.

적어도 표면적인 형태에서, 절연의 방법은 이제 명확하게 확인된다. 마네 예술의 가장 이상한 양상 가운데 하나는 차용에 있다. 몇 번이나 마네는 예전의 그림이나 판화로부터 도식적 요소를 **차용**했다. 오래전부터 우리는 〈풀밭 위의 점심〉의 구도가, 마르칸토니오 라이몬디가 판화로 새긴 라파엘로의 〈파리스의 심판〉에서 가져온 것이라는 사실을 잘 알고 있다. 〈올랭피아〉의 구상은 티치아노의 〈우르비노의 비너스〉에서 오는데, 마네는 그것을 1856년 피렌체의 우피치미술관에서 모사했다. 〈풀밭 위의 점심〉에서처럼 마네는 신화적 주제에서 출발하여 그것을 현실 세계에 옮겨놓는다. 엄밀하게 말해, 변신은 1856년의 모사본에서 이미 윤곽을 드러낸다. 모사본은 우피치의 그림보다는 〈풀밭 위의 점심〉에 더 가까우니, 거기서는 티치아노가 재현하는 **신적인** 형상의 비현실적인—그리고 사라져버린—부드러움이 없다. 벌써, 성미 급하고 조급한 마네의 방법은 초라한 조건에 종속된 산문적 존재들의 세계로 그 인물을 돌려보낸다. 그러나 모사본은 고작 하나의 지시일 뿐이다. 〈올랭피아〉에 이르는 움직임의 시작일 뿐이다. 오로지 그 움직임, 정확함과 권위가 놀라움을 주는 그 움직임만이, 일반적으로 회화를 하나의 변화된 현실로 만드는 **변모**를 드러낸다.

문득 신적인 형상이, **조건**에서 벗어난 초인적 형태의 위엄과 아름다움이 배열되던 안개를 빠져나온다. 그리고 한차례 소스라치며 이 세계 가운데 깨어난다. 나른한 〈우르비노의 비너스〉와 달리, 〈올랭피아〉의 **현존**은 인물을 일으켜 세웠다. 전자에서 후자로 가는 작은 움직임은 머리를 세우고 팔꿈치를 들어올리며 실제 존재인 양 정면을 바라보는 시선을 고정시켰다. 화면 안쪽을 두 부분으로 나누는 왼쪽의 칸막이, 왼쪽 구석의 천 등 핵심 장식은 그대로이다. 하녀는 실제로 우리 쪽을 향한 채, 감히 말하자면, 여주인의 침대 쪽으로 다가서 있다. 우윳빛 분홍색 옷과 대비되는 그녀는 누구보다 아름다운 검은빛의 여인이다. 침대 끝에 둥글게 엎드려 있던 개는 스스로 일어섰고, 이 움직임과 함께 검은 고양이로 바뀌었다. 이런 변화는 그 자체로는 사소한 것들이다. 그렇지만 그것은 한 세계에서 다른 세계로의 이행을 나타낸다. 신화의 세계는 품격을 간직하고 있었고, 이 품격은 그것을 어쨌거나 신학의 세계에 동화시켜주었다. 그것은 경감된, 날카로운 의미를 떨쳐낸 하나의 변이형에 불과했지만, 여전히 시적 위엄의 흔적을 갖고 있었다…….

변화는 사소한 것이다. 하지만 그것은 예전에 해결이 불가능해 보이던 가장 기이한 어려움에 관련된다. 즉 예술에서 현대인의 산문적 양상들을 가지고 도대체 무엇을 할까? 이것은 가벼운 문제가 아니다. 우동•은 볼테르에게 고대 의상을 입혔고, 아마도 그는 얼마간 옳았다. 디드로는 『회화에 대한 초연한 생각들』에서 이렇게 썼다. "한 국민의 의복이 졸렬할 때에는 그 의상을 채택하지 말아야 한다." 중학교 시절 디드로를 읽던 마네가 이 말과 맞닥뜨렸던 일화를 우리는 앙토냉 프루스트를 통해서 안다. 소년의 반응은 의미심장했다. 그는 앙토냉 프루스트에게 말했다. "이건 아주 어리석은 말이야. 자기 시대와 함께해야 하고 보이는 것을 그려야 해." 마네는 언제나 이 방향을 택했다. 그는 가슴을 내밀며 포즈를 취하는 모델들과 충돌했다. 그는 보들레르의 유명한 생각에 동의했으며, 그것은 그의 회화의 근원에 자리잡았다. 보들레르는 말했다. "우리는 우리의 넥타이, 우리의 광택 나는 부츠와 함께할 때 위대하고 시적이다." 화가는 그 같은 사실을 보는—또 보게 하는—사람이다. 〈튈르리정원 음악회〉는 이 원칙의 귀결이다.(보들레르는 이 그림에서 실크해트를 쓴 모습

• 프랑스 조각가 장앙투안 우동Jean-Antoine Houdon(1741~1828).

을 하고 있다.) 1860년에서 1862년 사이에 그려진 〈튈르리정원 음악회〉, 아니 좀더 정확히 말해서 1863년 3월 1일 마르티네 갤러리에 전시된 그 그림은 '마네 스캔들'의 시발점이 되었다. 다른 그림들(마네는 열네 점을 전시했다) 역시 분노를 유발했을 수 있다. 하지만 타바랑은 말했다. "관람객들은…… 특히 〈튈르리정원 음악회〉를 비난했다." 졸라는 나중에 이렇게 써야 했다. "한 미술 애호가는 격분한 나머지 〈튈르리정원 음악회〉를 계속해서 전시장에 내버려두면 폭력 행위도 불사하겠다고 위협했다." 이런 분노는 디드로가 글을 쓰던 시절보다 제2제정기에 더욱 강하게 표출되었고, 우리 의복을 그리는 것을 예술에 대한 테러로 간주하는 감정에서 그것이 기인한다는 점은 의심의 여지가 없는 것이다.(더욱 이상한 것은 보들레르가 마네의 '스페인 취미'에는 관심을 보이되, 그의 바람에 그토록 잘 부응하는 그림에 대해서는 아무 말도 하지 않았다는 사실이다.) 삶의 현재적 형태로 넘어가는 예술의 이행에 〈올랭피아〉 스캔들을 국한하면서 나는 그것을 과소평가하는 듯 보일 수 있다. 하지만 조금도 그렇지 않은 것이—사람들을 분노하게 만든—〈올랭피아〉의 도발은 〈튈르리정원 음악회〉에서부터 나타나고 있는 까닭이다. 다만 두 그림은 확실히 다른 형태를 띠고 있다. 〈올랭피아〉는 벌거벗은 여자이다. 〈튈르리정원 음악회〉의 남자들은 재킷과 검은색 프록코트를 걸쳤고, 말라르메의 표현에 따르면 "머리 위에 어둡고 초자연적인 무엇"을 이고 있다. 〈올랭피아〉는 여자이지 벌거벗은 여신이 아니다. 이 벌거벗은 여자와 재킷을 입은 남자는 같은 세계에 산다. 그런데 이 세계는 예술이 배척하는 세계이다. 나는 회화가 과거의 위엄 있는 형태들을 재현했었다고 말했는데, 이를 회화는 현실의 틀 속에서, 그리고 가능한 한도 내에서 행했다.(그 당시 회화는 **재현**해야 했다. **창조**할 수 없었다.) "자기 시대와 함께해야 하고 보이는 것을 그려야 해." 한 소년의 이 단언은 예의 위엄 있는 형태들을 생각하면 하나의 신성모독이었다. 과거의 예술은 마르셀 프루스트가 말하는 "거대한 신학적 시", 나머지에게 침묵을 부과하는 시가 아니면 무엇이었을까? 그것은 신학적이고 때로 신화적인 시이되(혹은 이따금 단순히 왕조에 관한 시), 언제나 세속적인 것을 넘어서며 **보이는 것** 너머에 위치하는 진리의 표현이었다. 〈올랭피아〉는 유혹적이며, 원한다면 시적인 세계, 하지만 더욱 심오하게 규약적인 세계를 벌거벗은 모습으로—하지만 여신이 아닌 여자로서—빠져나온다. 과거, 그것은 시, 그러니까 실재이길 원하지만 그러기 위해서는 사물의 현실 속에서 감히 홀로 시의 이상함을 발견하는 규약에 귀속되어야만 하는 시이다. 부르주아화된 이 세계는 규약이 아니고는 끝까지 시를 부정할 것이다. 하지만 시는 결국 상상할 수 있는 모든 규약의 부정이다. 그것은 폭력적으로 그러하다. 그것은 소박한 시이길 원하는, 그리고 권력을 갖지 않은 비실재적이고 해체된 것으로서,

하나의 세계가 형성되는 자리에서가 아니라 스스로에게서 마법을 끌어내거니와, 하나의 세계가 형성되는 자리에는 의당 정치적 질서가 있고, 그것은 신이나 왕의 위엄과 같은 꿈에 부응해야만 한다. 〈올랭피아〉는 현대시와 마찬가지로 그런 세계의 부정이다. 그것은 올림포스, 시편詩篇과 신화적 기념물, 기념물과 기념비적 규약들(이런 것들은 고대 도시국가의 옛 현실을 참조한다)의 부정인 것이다. 〈풀밭 위의 점심〉은, 조르조네가 그리스신화에 의지하여 르네상스 시대의 음악가들 곁에 벌거벗은 여인들을 배치한 〈전원의 합주〉의 부정이었다. 마네는 루브르의 그림에서 주제만을 끌어냈다.(이미 말한 것처럼, 그가 자기 그림의 도식을 끌어낸 것은 판화로부터이다…….) 그러나 그는 신화적 주제와 도식에 현재 세계를 도입했고, 이런 변화에서 자신이 원하던 것, 곧 과거의 전복과 새로운 질서의 탄생을 찾았다. 벌거벗은 여인이 재킷을 입은 남자들 곁에 앉아 있다. 소년 시절부터 그가 달성하리라고 마음먹은 것, 그는 그것을 패러디를 통해서 이룩하고, 이 패러디는 예술의 위엄을 되찾는다. 한데 그것이 이룩되는 것은 즉각적이고 부조리한 소여, 일체의 웅변이 목 졸리는 자기 시대의 형태들 속에서이다.

이런 유희가 규약의 안온함을 바라는 관객들에게 충격을 줄 수 있다는 사실을 마네는 예견할 수 있었으리라……. 어쨌거나 〈풀밭 위의 점심〉은 그에게 불완전한 만족을 주었을 뿐이다. 그림의 매력은 부정할 수 없다. 과감한 붓질, 대가적 솜씨, 규모, 그리고 또—낙선전 당시—『가제트 드 프랑스*Gazette de France*』의 기사에 나온 한 익명의 기이한 인물이 말한 것, 곧 "마치 강철 톱처럼 눈을 뚫고 들어오는" "눈에 거슬리는 배색" 등.(소문은 들라크루아가 그것을 쓴 게 아니라면 적어도 그렇게 말했을 것이라고 했다. 그가 죽기 몇 주 전에 다음과 같이 말했으리라는 것이다. "마네 씨는 세상의 모든 심사자에 의해 만장일치로 거부되는 데 필요한 **자질**을 갖고 있다. 그의 눈에 거슬리는 배색…… 인물들은 그 어떤 절충으로도 순화되지 않을 날것의 강렬함으로 신랄하게 부각된다. 그는 결코 익을 것 같지 않은 풋과일의 모든 떫음을 갖고 있다." 이 말을 한 사람이 들라크루아가 아니라면, 그는 들라크루아와 동시에 죽었을 게 분명하다. 진정하고 권위적인 목소리, 부당하지만 약간만 그런 이 목소리는 그의 죽음 이후 더이상 들리지 않게 된 것 같기 때문이다…….) 확실히 마네는 눈에 두드러지는 배색을 원했다. 하지만 그가 이 그림에 만족했을지는 의심스럽다. 이 그림은 〈튈르리정원 음악회〉에서 〈올랭피아〉로 나아가는 체계적인 탐구의 한 단계에 불과한 듯 여겨진다.

〈풀밭 위의 점심〉에서 대답을 찾은 화가가 무슨 말을 했는지 우리는 앙토냉 프루스트를 통해서 안다. 1862년 8월, 〈풀밭 위의 점심〉의 구성이 담겨 있는 젠느빌리에의 풍경을 앞에 두고 마네는 이렇게 말했다.("여자들이 목욕을 하고 있었고, 마네는 물에서 나오는 여자들의 몸에 시선을 고정하고 있었다.") "누드화를 하나 그려야 할 것 같아. 저 여자들을 대상으로…… 대기의 투명함 속에서 말이야. 저기 보이는 인물들도 그려야지. 사람들은 혹평을 해댈 거야. 하지만 하고 싶은 대로 하라고 해……." 마네는 〈튈르리정원 음악회〉에 재킷 입은 남자를 등장시켰다. 하지만 그는 만족하지 못했다. 그는 이제 그 남자를 전원의 신화적 배경에서 누드 곁에 놓고 싶어했다. 그는 배경이 밝기를 원했고, "그의 눈에 보이는" 투명한 공기를 바랐다. 누드는 여자일 것이었다. 그의 눈에 보이는 것처럼 말이다. 하지만 너무 거칠고 어쨌거나 잡다한 효과가 불편하게 느껴졌다. 체계적으로 이루어진 〈풀밭 위의 점심〉의 제작에는 무언가 자의적인 것이 있었다. 〈올랭피아〉에서 마네는, 하나의 세계를 다른 세계 속에 옮겨놓음으로써 끌어낼 수 있으리라고 생각하던 효과 구하기를 계속했다. 하지만 그는 재킷을 통한 거친 방식을 버렸고, 벌거벗은 여인 곁에 〈우르비노의 비너스〉의 하녀만 남겼다. 효과는 한층 연해졌지만 그렇다고 격렬함을 잃지는 않았다. 미의 처소에서, 예술의 희소해진 세계에서 '눈에 보이는 것'의 거친 출현은 충격이었다. 〈풀밭 위의 점심〉의 재킷은 확실히 효과에서 힘을 뺐다. 이 재킷은 효과에 스스럼없는 느낌을 주되 그 연장을 차단했다. 그것은 집중되어야 할 것을 분산시켰다. 비밀 가운데, 침실의 침묵 가운데,

〈올랭피아〉는 경직되고 둔탁한 격렬함에 도달한다. 흰색 시트와 거슬리는 파열을 일으키는 선명한 인물을 완화시켜주는 것이라고는 아무것도 없다. 어둠 속으로 들어간 흑인 하녀는 가벼운 분홍색 옷의 거슬림으로 환원되고, 검은 고양이는 어둠의 깊이를 이룬다……. 오로지 귀에 매달린 커다란 꽃, 꽃다발, 숄과 분홍색 옷의 요란한 색조만이 인물로부터 부각되며 인물의 '정물'로서의 성격을 드러낸다. 색채의 파열과 부조화는 어찌나 강력한지 나머지는 죄다 입을 다문다. 이제 시의 침묵 속에 빠지지 않는 것은 아무것도 없다. 심지어 마네의 눈에서조차 작업은 지워졌다. 〈올랭피아〉 전체가 하나의 범죄 또는 죽음의 광경과 잘 구별되지 않는다……. 그 안의 모든 것이 미에 대한 무심함으로 미끄러진다.

〈풀밭 위의 점심〉에서 시작된 노력은 완료되었다. 완만한 준비 과정이 마무리된 것이다. 테크닉과 빛의 신성한 유희, 현대 회화가 탄생했다.

그것은 장식물들의 삭제 가운데 되찾은 위엄이다. 그것은 아무나, 그리고 벌써 아무것이나의 위엄이다……. 그것은 이제 더 이상 아무런 인과관계도 없이 있는 것에 귀속되는 위엄이고, 회화의 힘이 드러내는 위엄이다.

비밀

—— 이런 변화의 놀라운 점은 우리가 이 변화를 아주 보잘것없는 의미를 지닌 일로 치부해버릴 수 있다는 데 있다. 그런데 의복의 역사가 그렇게 상관없는 것일까?

말하자면, 의복과 회화는 유사한 길을 걸어왔다. 적어도 남성의 의복은 그랬다. 남성의 의복은 단계적으로 부르주아화되었고, 17세기만 해도 아직 갖고 있던 위엄을 결국 잃어버리기에 이르렀다. 17세기에 의복은 웅변과 빛을 갖고 있었다. 그러나 유행이 웅변을 침묵하게 했고 빛의 광채를 퇴색하게 만들었다. 오늘날 남성은 합의된 품격에서, 이 품격에 부응하는 의복에서 취하던 광휘를 더이상 갖고 있지 못하다. 그는—약간 완만하게—자신의 실제 위치에 정확히 부합하길 바랐다. 그는 결국 출신 또는 종교적 공인에 따른 편견이 부여하던 위엄을 거부했다. 그리하여 이제는 가장 부유한 현대의 남성마저도 자신을 군중과 구별해주는 것을 의복의 우아함에서 가능한 한 지우기에 이르렀다. 우리는 심지어 그가 간소함 가운데, 규약의 부재를 지향하는 최후의 규약을 따르고 있다고 말할 수 있다.

오늘날 우리가 이따금 강하게—심지어 최악의 위험을 무릅쓰면서까지—집착하기도 하는 이 겸손, 이 간소함이 그 지배를 굳히는 일이 수월했던 것은 아니다. 위선, 아쉬움이 종종 그것들에 따라붙었다는 점을 말해두도록 하자. 그러나 무엇보다도 먼저 저항이 있었다. 부르주아계급은 우선 세계가 **있는 그대로의 모습**으로 축소되고, 오로지 단도직입적인 인간만이 살아남는다는 사실을 받아들일 수가 없었다. 우리가 귀족, 왕, 신과 결부시키는 양상들에 연결된 인간의 이상화를 포기하는 일은 종종 보기보다 훨씬 더 어렵다……. 부르주아계급은 정치적 현실이 세 존재에게 더이상 견고한 기반을 부여하지 않길 바랐다. 대신에 비실재적인 예술이 세 존재의 전적인 영역으로 남길 원했다. 적어도 예술은 신성한 형태를 지닌 영광스러운 과거를 유지해야만 했던 것이다. 부르주아계급이 법적 관계와 의복에서 변화시킨 것은 한계가 될 수 없었다. 그 너머에는 귀족적이고 신적인 형태들의 영역이 온전하게 펼쳐져 있었고, 그 형태들은, 분명히 폐지되었지만 여전히 기억 속에 살아 있는 과거가 결정적으로 조성해놓은 것 같은 모습 그대로였다. 예술은, 주권적 환영이 인색한 세계의 초라함을 위로하는 연극적 상상력을 위해, 보이는 것, 존재하는 것을 배제해야만 했다. 아틀리에에서 스승은 학생에게 너무 굴종적으로 모델을 모사하지 말라고 조언했다…….

마지막까지 마네는 의복의 간소함을 요구하는 우아함의 감정을 따랐음에 틀림없다. 그는 귀족계급의 잔재를 거부했는데, 그것은 이제 부르주아계급 전체의 거짓말인 동시에 무거움에 불과할 따름이었다. 마네는 진정으로 자기 시대에 속하고자 했다. 엄격한 우아함과 함께 그는 현실에 허구 세계를 대립시키는 괴리를 거부했다. 그에 앞서 쿠르베가 있는 그대로의 세계를 보여주려고 애썼다. 하지만 그의 방법은 여전히 눈부시게 하는 것이었다. 쿠르베의 예술이 갖고 있는 매력적인 충만과 힘을 부정할 사람은 아마 아무도 없을 것이다. 그러나 그의 사실주의에서 예술은 웅변을 헐벗게 하지 않는다. 그의 예술은 하나의 멋진 변론으로, 거기에는 고상함이 없지 않다. 이 고상함은 물론 죽은 과거로부터 그가 간직한 유일한 양상이다……. 확실히 그의 웅변은 대다수의 과장된 거짓말과 하등의 관계가 없다. 하지만 그것은 헐벗음이 아니다. 마네의 단도직입적 우아함이 아니다. 이 우아함이 발견되는 것은, 무심함으로 침몰하는 주제가 회화의 구실로 귀착되던 바로 그날이다.

더구나 마네의 간소한 우아함, 헐벗은 우아함은 무심함 속에서뿐만 아니라 이 무심함이 표현되는 **능동적** 확신 속에서도 금방 엄정함에 도달했다. 마네의 무심함은 **지고의 무심함**으로, 수월하게 가혹한 무심함이고, 스캔들을 일으키면서도 자기 안에 스캔들을 품고 있다는 사실을 알려고도 하지 않는 그런 무심함이다. 스스로 스캔들이고자 하는 스캔들은 간소할 수가 없을 것이다. 하지만 그럼에도 불구하고 간소함은, 그것이 작용하는 만큼, 그리고 그것이 능동적으로 개입하는 만큼 더욱 완벽해진다. 결연한 개입은 마네의 고유한 특징이다. 그것이 마네로 하여금 지고의 우아함에 도달하게 했다.

나는 능동적 원리를 지닌 우아함에 대해 그것이 무심함 가운데 있었다고 말했는데, 이는 자칫 모순적으로 보일 수도 있겠다. 하지만 무심함은 필연적으로 그것을 표명하는, 그리고 그것의 힘, 이를테면 그것의 강도를 보여주는 개입으로 나타난다. 무심함은 종종 하나의 힘이기 때문이다. 그리고 다른 경우 제어되었을 힘이 그러한 무심함 안에서는 해방되기 때문이다. 여기서 마네가 열정의 층위에 올려놓은 회화의 즐거움은 신적인 무심함과 합류했으니, 이 무심함은 라파엘로와 티치아노가 만족했던 신화적 세계에 그것을 대립시켰다. 여기서 간소한 힘의 긍정은 간소한 파괴의 기쁨과 일치한다. 마네는 대가적 솜씨가 제공하는 자유의 침묵에 도달했고, 그것은 동시에 엄격한 파괴의 침묵이기도 했다. 〈올랭피아〉는 우아함의 극치였거니와, 이는 흔치 않은 색채의 유희가 합의된 세계의 부정과 동일한 강도를 지니고 있었다는 점에서 그러하다. 규약은 의미를 잃었다. 의미가 무효화된 **주제**가 이제는 유희의 구실, 유희에 대한 격렬한 욕망의 구실에 불과해진 까닭이다.

주제에 대한 무심함은 마네만의 고유한 특징이 아니다. 그것은 인상주의 전체, 그리고 소수의 이름을 제외한다면 현대 회화 일반의 특징이다. 모네는, 눈이 먼 채로 태어났다가 시력을 회복하면서, 대상 및 용도와 무관한 형태와 색채를 보았더라면 좋았을 것이라고 말하기도 했다. 그러나 우리는 모네와 그의 친구들에게서, 말하기가 자연스러운 움직임인 것을—일종의 **작용**을 통해서—침묵으로, 규약이 옷 입히는 것을 벌거벗음으로 돌려놓는 열정을 발견하지 못한다. 결연한 정확함이 가히 마법적 양상을 보이는 〈올랭피아〉에서 포착할 수 있는 이 작용은 마네의 고유한 매력을 구성하며 그를 그의 계승자들과 구별되게 한다. 그것은 〈올랭피아〉에 탁월한 위상을 부여했고, 그가 죽은 뒤 친구들은 루브르에 보낼 그림으로 〈올랭피아〉를 골랐다. 이때 의견이 어찌나 만장일치에 가까웠던지, 홀로 〈아르장퇴유〉가 더 낫다며 친구들의 의견에 반대했던 앙토냉 프루스트의 태도는 스캔들이 될 정도였다. 마네와 가까웠던 이들은 그 순간 모두 화를 내기까지 했다. **작용**이 일단 도달한 완벽한 성취는 더이상의 논의를 불필요하게 만들었던 것으로 보인다. 마네가 기여한 것을 단 하나의 그림으로 대변해야만 한다면, 그것은 〈올랭피아〉일 수밖에 없었다. 친구들이 주저 없이 선택한 그림은, 적들이 끔찍함으로 인해 웃음을 터뜨렸던 바로 그 그림이었다.

동일한 작용을 나는 〈막시밀리안황제의 처형〉에서 포착해보고자 했다. 그것은 이 그림에서 덜 완전한 것일 수 있다. 하지만 그것은 〈올랭피아〉나 〈풀밭 위의 점심〉 못지않게 명료하게 나타난다. 아마도 그 원칙이 처음 제시된 것은 최초의 스캔들이었던 〈튈르리정원 음악회〉일 것이다. 도처에서, 어떤 연극적 형태의 기대에 대뜸 '보이는 것'의 벌거벗음이 대답했다. 하지만 도처에서, 저버린 기대가 인상의 기원이 되고 이 인상에 따귀를 갈기는 것 같은 힘을 부여하는 방식으로 일이 진행되었다. 저버린 기대는 아름다움 및 색채의 대조와 구별되며 그것들을 증폭시킨다. 한데 "마네가 가져다주는, 우월한 것이 아닌 돌이킬 수 없이 다른 것"이 자리잡는 것은 그런 저버린 기대이지, 말로가 말하듯 "〈발코니〉의 초록색"이나 "〈올랭피아〉의 분홍색"이 아니다. 말로의 오류는 아마도 내가 말하는 이상한 작용—가려진 채로 남아 있던 작용—의 마법을 강조하지 않았던 데 있었던 것 같다. 그는 현대 회화가 시작되는, 주제에 대한 무심함이 시작되는 마네의 결정적 몸짓을 포착했다. 하지만 다른 인상주의자들의 무심함에 마네의 태도를 대립시키는 바로 그것을 드러내지는 못했다. 그는 다른 그림들보다 반드시 더 아름답다고 말할 수 없는 〈올랭피아〉에 **작용**의 가치를 부여하는 것, 곧 〈올랭피아〉를 고립시키고 위대하게 하며, 발레리로 하여금 그것에 대해 심각하게 말하도록, "신성한 끔찍함"에 대해 말하도록 하는 침묵을 정확하게 규정하지 않았던 것이다.

〈올랭피아〉는 우리 눈앞에 마네의 비밀을 드러낸다. 이 비밀이 온전히 드러나는 것은 〈올랭피아〉뿐이다. 하지만 한 번 드러나자, 우리는 그 흔적을 도처에서 발견한다. 마네는 자신으로 하여금 〈올랭피아〉에서 닻줄을 풀도록 해준 것을 되찾기 위해 갖가지 방법으로 애쓴다. 그는 심지어 다른 작품, 곧 〈자카리 아스트뤼크의 초상〉에서, 자신이 〈우르비노의 비너스〉로부터 끌어냈던 반半 칸막이에 의한 배경 분할을 되풀이하기까지 한다. 또다른 경우에는 그와 다른 방식들을 동원했는데, 목표는 늘 동일했으니, 그것은 바로 기대를 저버리는 것이었다. 우리는, 엘스티르•의 방법이라는 이름 아래 마르셀 프루스트가 분석하는 것이 마네의 방법에 적용될 수 있다고 주저하지 않고 말할 수 있다. 엘스티르는 물론 마네가 아니다. 마네가 죽었을 때 열두 살에 불과했던 프루스트는 마네를 알 수가 없었다. 하지만 엘스티르와 마네 사이의 거리는 멀지 않다. 프루스트는 "엘스티르라는 인물이 아직 완전히 형성되지 않은 가운데 마네로부터 얼마간 영감을 얻

• 마르셀 프루스트의 『잃어버린 시간을 찾아서』에 등장하는 화가.

었던…… 시기"에 대해 말한 적이 있다. 『활짝 핀 아가씨들의 그늘에서』•에 나타난 엘스티르의 자의적 성격을 감안할 때 이 문장은 사실과 부합한다. 그 성격은 마네에게서 얼마간 영감을 얻은 것이다. "졸라가 엘스티르에 대해서 글을 썼다"••라고 프루스트가 말한다면, 또한 발베크 해변을 소재로 한 그림들을 그린 화가가 〈아스파라거스 묶음〉을 그린 것으로 설정하고 있다면, 그것은 우연이 아니다. 그 바다 그림들은 어쨌거나 꾸며낸 게 아니다. 그것들은 마네가—불로뉴에서, 베르크에서, 또는 다른 장소들에서—그린 그림들이다. 실제로 프루스트는 이 그림들에 대해, 우리가 땅을 기대하던 곳에 화가는 바다를 끌어들였고, 바다를 기대하던 곳에 땅을 끌어들였다고 말한다. "그 순간 그의 곁에 있는 바다 그림들에서 가장 빈번하게 나타나는 은유들 가운데 하나는 바로 바다와 땅을 비교하면서 둘 사이의 모든 구분을 없애는 은유였다. 동일한 캔버스에서 암묵적으로, 그리고 지칠 줄 모르게 반복되는 그 비교는 다채로운 형태의 강력한 통일성을 도입했고, 이는 몇몇 애호가들 사이에서, 때로는 그들이 명확하게 인식하지 못하는 가운데, 엘스티르의 그림이 열광을 불러

• 『잃어버린 시간을 찾아서』 두번째 권의 제목.
•• 『잃어버린 시간을 찾아서』 세번째 권 『게르망트 쪽』에 나오는 문장. 마네와 에밀 졸라가 가까운 사이였음은 잘 알려진 사실인데, 프루스트의 소설에서 졸라는 실명으로 나오는 데 반해, 마네는 엘스티르를 통해 암시되기만 한다.

일으키는 원인으로 작용했다." 여기서 문제가 되는 것은 기입된 색가色價의 통일성이다. 그것을 애호가는 주제의 한 양상에서 다른 양상으로 쉽게 이행하는 의미의 미끄러짐 가운데 포착한다. 배를 "땅 위에 건축된, 도시와도 같은 어떤 것"으로 만든다고 하는 프루스트의 말에 〈포크스턴 증기선의 출항〉보다 더 잘 부합하는 그림이 있을까! 습관적 경계선을 지우면서 얻어낸 이와 같은 기대 저버리기는 프루스트의 정신 속에서 보다 일반적인 가치를 갖고 있었다. 그는 이렇게 썼다. "그렇게, 나는 파리의 내 방에서 말다툼 소리를, 거의 폭동에 가까운 싸우는 소리를 듣는 일이 있었는데, 예컨대 마차를 그 소리의 원인으로 돌리면, 내 귀가 실제로 들었던, 하지만 바퀴들이 만들어낼 리 만무함을 내 지성이 잘 아는 날카롭고 거슬리는 고함소리가 사라지는 것이었다." 화가의 정신 속에서와 마찬가지로 작가의 정신 속에서 이행은 그렇듯 지성의 안정된 대답으로부터 미끄러짐을 향해 이루어졌거니와, 거기서 인상은, 감성은, 감성에서 지성으로 가는 상반된 이행의 초라한 필요보다 단연 우세하게 나타났다. 계산된 것이건 아니면 본능에 의한 것이건, 두 경우 모두 효과적 마법 또는 능동적 방식에 해당했고, 이런 방식의 섬세함을 통해 인상의 순진함과 신선함으로 되돌아갈 수 있었다. 동일한 미끄러짐이 〈해변에서〉에도 발견되니, 거기서는 인물들의 거대함이 바다의 미미함과 대립하거니와, 이 거대함이 위치한 자리는, 먼저 그것이 파괴되었던 바로 그 미끄러짐이다. 〈아르카숑의 마네 가족〉에서는 열린 창문으로 보이는 바다가 방으로 침입하는데, 방은 그런 바다에 맞선 무기력한 경계선, 곧 한없는 침입이 진작부터 무효화하는 보잘것없는 디테일에 불과하다.

미끄러짐의 순간에 놓인, 재현된 세계를 이루는 부분들의 이 같은 불균형이 인상주의 작품 전반에서 발견되는 것은 아니다. 프루스트는 확실히 마네에게서 먼저 영감을 받아 그런 불균형을 그렸다. 그는 심지어 마네를 추월하기까지 했는데, 그것은 마네에 대한 자기의 생각이 아니라 인상주의, 특히 마네의 인상주의에서 출발하여 그 자신이 도달한 잠재적 화가로서의 생각을 직접 표현하려고 했다는 점에서 그러하다. 그의 내면에는 마네가 캔버스 위에 쉼없이 상기했던 그림자들, 그러니까 재현된 주제들의 그림자이기보다 하나의 미끄러짐의 이미지인 그 그림자들을 가공하고 변모시키는 별난 뒤틀림이 있지 않았을까?

가장 단순한 형상들의 무엇인가가, 예컨대 연약한 〈피리 부는 소년〉, 유령처럼 나타나는 〈앙젤리나〉, 붙잡을 수 없는 부드러움을 드러내는 〈여인과 앵무새〉의 무엇인가가 비껴나고 달아난다.

〈발코니〉는 시선의 분산에 근거한 은근한 찢김을 보여주고, 우리는 불편함을 느낀다. 우리가 대번에 볼 수 있는 것은 무의미로의 소실이며, 시간이 지난 뒤에야 우리는 비로소 깨어나 과도한 시선에, 베르트 모리조의 커다란 눈에 주의를 집중할 수 있게 된다. 그러므로 환각에 사로잡힌 것 같은 이 그림에 대해, 주제가 우리에게 주어지는 동시에 철회되었다고 말하는 것은 가능하다.

〈아틀리에의 점심〉에서 보여주는 화창한 날의 평화는 〈발코니〉가 보여주는 "폭풍우 직전의 순간"과 일종의 짝을 이룬다. 그러나 묘사된 대상들이 보여주는 동일한 통일성의 부재는 두 그림을 더욱 깊은 무의미의 통일성으로 이끈다. 밀짚모자를 쓴 젊은이가 주제의 중심이라면, 그것은 그가 구성에서 하녀나 수염 난 남자보다—아니면 차라리—굴, 무구武具, 레몬보다 하등 더 중요할 게 없다는 사실을 더욱 잘 드러내고 더욱 잘 느끼도록 하기 위한 것이 아닐까?

〈'오페라'의 가면무도회〉는 말라르메에 따르면 "화가의 대단히 중요한 작품으로서…… 여러 옛 시도들이 요약되는 하나의 정점이다." 그것은 주제의 난파—주제는 이제 형태 없는 무리에 불과하다—를 통해 얻어낸 놀랄 만한 성과이다. 본질적으로 축제는 참여한 이들을 서로 구별해주는 상태의 제거이다. 마네는 그것을 다른 누구보다도 잘 재현할 수 있었을 것이다. 왜냐하면 그는 주제를 구별해주는 명확한 요소를, 사라지고 달아나는 것으로 대체하고자 했기 때문이다. 이 〈무도회〉에서는 무의미와 풍부함의 일치가 얼마나 큰지 중립적이지 않은 것은 아무것도 재현되어 있지 않을 정도이다. 실크해트를 쓴 남자들과 도발적이거나 어쩔 줄 모르는 여자들은 거의, 당시의 대중적 신문들에 실리던 저속한 그림의 수준에 위치한다. 그들을 천박함으로부터 구해내는 것은 오로지 능동적 '무심함'뿐이다. 이 무심함은 마네의 고유한 특징이거니와, 그것은 인물들을 회화의 구실로 만들어버린다. 그들의 심각함은 파열하는 예술이 드러내는 의미의 부재에 있으니, 그들의 경박함은 그들을 깊이로 이끄는 길이었던 셈이다.

그 커다란 침묵에 이르는 에움길은 여럿이었다. 기대를 저버리기 위해 다양한 방법에 호소했던 것이다. 깃발들이 내걸린 거의 텅 빈 길이 목발에 의지한 채 다리 하나로 나아가는 불행한 남자의 몸짓을 향해 열린다.• 다른 그림은 같은 길을 도로 포장 인부들이 파헤치고 있는 장면을 보여준다.•• 또 한 카페의 인물들이 저속한 장소의 친밀함 속에서 포착된다.•••

마지막으로 마네는 그의 그림 가운데 하나를 통해서 공허의 부재를 보여주었다. 〈폴리베르제르의 바〉는 거대한 거울의 유희를 통해 반사되는 빛의 현혹이다. 전경의 술병, 과일, 꽃은 여자 바텐더 양편으로부터 직접 조명을 받고 있다. 그녀는 훤칠하고

• 〈깃발들이 내걸린 모스니에가〉(1878).
•• 〈모스니에가의 도로 포장 인부들〉(1878).
••• 〈카페 콩세르〉(1879).

활기가 있는 게 사실이나 어딘가 빛이 꺼진 듯하다. 이마를 덮은 금발 아래의 시선은 피로와 권태로 흐릿하다. 그녀 앞쪽의 사람들은 실재하되 거울의 빛나는 몽환극 속에서 하나의 반영일 따름이다.

회의에서 지고의 가치로

——— 비밀은 드러났다. 하지만 그 비밀은 전체에서 분명히 빠져 있는 한 부분에 대한 설명일 뿐이라는 사실을 이해하게 만드는 것은 어려우나 피할 수 없는 일이다. 한데 얼마든지 일어날 수 있는 일이지만, 그 빠진 부분이, 그것이 메우고 아마도 설명하는 것, 하지만 결코 대체할 수는 없는 것을 우리가 보지 못하게 방해한다면? 마네는 어쨌거나 다비드에서 쿠르베에 이르도록 프랑스인들이 전승했던, 화가라는 영광스러운 직업의 한 순간일 따름이다. 모네, 르누아르, 세잔 (그리고 아마도 드가) 역시, 약간 벗어나기는 해도, 동일한 전통을 따른다고 말할 수 있다. 사실 마네는 그들보다 전통에 더 가깝고 더 긴밀하게 의존하고 있다. 그와의 친화력이 감지되지 않는 앵그르와 코로를 예외

로 한다면, 마네는 들라크루아보다 더 가까운 지점에서 그의 선배인 도미에, 쿠르베와 같은 시대에 속한다. 그가 들라크루아를 찬미했던 것은 확실하다. 보들레르와 더불어 그는 팡탱라투르의 〈들라크루아에 대한 경의〉에 등장한다. 하지만 그는 주저하고 있었다. 그는 역사화에 등을 돌렸으며, 들라크루아의 뜨거운 색채, 떠들썩함, 그리고 깊이에 대해 확실히 의심을 품고 있었다. 그렇기는 해도 그는 들라크루아가 지고의 세련으로 끌어올린 환희의 붓질을 결코 모르지 않았다. 그가 구하던 것, 그것은—무엇보다도—말라르메의 표현을 따를 때, "마치 단 한 번도 그림을 그려보지 않은 것처럼 빈 캔버스를 향해 혼미하게 돌진하는 격정" 가운데 갈급하던 바로 그 섬광이 아니었던가? 그는 다만 매끈함이 없는 둔탁한 조화에 대한 취향을 갖고 있었으니, 마치 약음 페달을 밟는 피아니스트처럼 때로 메마름에 가까운 솜씨를 통해서 거기에 도달했다. 쉬운 서정, 그리고 늪 같은 깊이에 대한 혐오는 그로 하여금, 힘이 바야흐로 최고조에 달하던 시점에 놀랍게도 평면적 색조를 사용하도록 했고, 비평가들은 그의 형상들이 '트럼프 카드'의 두께를 갖고 있다고 말하기에 이르렀다. 〈피리 부는 소년〉은 '트럼프 카드'의 가장 매력적인 이미지를 구성한다. 마네의 의도는 모두 다 이 방향, 곧 기술적 가능성들의 결연한 전시를 지향했고, 이는 빠져나갈 핑계라고는 없이 팽팽하게 긴장된 힘을 작동시키는 동시에 매끈함 없는 둔탁한 경직성을 유지했다. 그것은 우아하되 빈약함에, 평면적 투명성에 접근하는 격정의 한 종류로서 웅변에 대한 목조르기에 다름 아니었다. 회화의 영역에서 그것은 과거의 연장이었다. 그것은 인상주의의 풍부함과는 거리가 멀었다. 그것은 오히려 공통의 척도로, 명료함의 무無로 환원된 하나의 빈약해진 과거였다.

캔버스 위 색채의 떨림만을 따로 떼어 고려할 경우, 마네는 자기 시대의 가장 위대한 화가가 아니다. 들라크루아와 쿠르베는 세계를 사로잡는 폭과 편안함을, 코로는 포착되지 않는 소박한 것을 포착하고 감싸는 힘을 갖고 있다. 이들보다 자기 확신이 떨어지는 마네의 기법은 더 공격적이고 또 더 병적인 도약에서 유래한다. 마네는 어지럽힐 뿐 만족시키려고 하지 않는다. 그는 심지어 기대를 저버리고자 한다. 그는 캔버스가 제공하는 재현 가능성에 이의를 제기한다. 그는 이 가능성을 붓 아래 잡아두려고 하지만, 그것은 붓 아래로부터 빠져나간다. 이런 유희는 선배들의 유희를 연장한다. 하지만 거기에 짜증이 추가되면서 손을, 그러니까 이미지의 기대되는 배열을 추월하고 교란할 하나의 우연을 탐색하는 손을 열기 가운데 굳게 만든다. 마네의 거장다운 솜씨는 당대 프랑스 회화의 것이다. 하지만 그것은 삐딱한 탐구로 가득하고 전복으로 풍요롭다. 노골적인 단일 색조, 중간 뉘앙스의 제거는 그 자체로는 새로움의 의미밖에는 갖지 못한다. 그러나 그것들은 회화를 웅변의 오랜 늪으로부터 끄집어낸다. 그것들은 기대하는 대상이, 이제 예기치 않은 감각 이외에, 또는 차용된 의미로부터 독립된 순수하고도 날카로운 떨림 이외에 아무것도 아닌 순간을 향해 미끄러지도록 돕는다.

예전에 요구되던 캔버스의 완성된 양상은 오히려 주제 그 자체가 갖는 가치의 축성이었다. 그런데 회화의 고유한 가치는 스케치의 푸가를 해방했고, 이로부터 마네는 효과를 얻어냈으니, 이 효과는 그에게 그림의 완성보다 더 중요했다. 리오넬로 벤투리의 표현에 따르면, 이 효과는 일종의 "미완성의 완성", 다시 말해 가장 세밀한 회화보다 결단코 더 가치 있는 어떤 것이 되었다. 한데 마네에 관해 말라르메는 "모든 요소들 사이에 하나의 일치가 있고, 이 일치에 의해 작품이 지탱되며, 터치 하나만 더 해도 쉽게 파괴되는 매력이 있다면", 그 작품이 완전히 끝나지 않았다는 사실은 중요하지 않다고 벌써 말하고 있었다.

다시 한번 반복하지만, 마네의 캔버스에서 중요한 것은 주제가 아니다. 중요한 것은 빛의 떨림이다. 그러나 이것은 앙드레 말로의 문구 속에, 또는 인상주의에 관한 편견 속에 제시되어 있는 것 같은 단순함을 갖고 있지 않다. 즉각적 의미가 소실되는 미끄러짐의 의도는 주제의 방기가 아니다. 그것은 다른 것이다. 그것은 제물을 변질시키고 파괴하고 죽이는, 하지만 그것을 방기하지는 않는 희생제의와 비슷하다. 어쨌거나 마네의 캔버스들에서 주제는 파괴되기보다 추월된다. 그것은 벌거벗은 회화를 위해 무효화되기보다 그런 회화의 벌거벗음 속에서 **변모된다**. 마네는 기이한 주제들 속에 긴장된 탐색의 세계를 기입한다. 마네는 인상주의의 기원에 위치하는가? 가능하다. 하지만 그는, 인상주의에는 낯선 하나의 깊이 속에 있다. 그보다 더 큰 무게를 주제에 실었던 사람은 아무도 없다. 물론 그는, 의미가 아니라, 오로지 의미 **너머인** 만큼 의미 이상의 것에 해당하는 것을 주제에 실었다.

마네의 정물화는 우선 이 같은 이차적 의미에서 벗어난다는 사실을 인정해야겠다. 정물화가 그 자체로는 언제나 무의미하다는 사실은 정물화의 특권이다. 예전에 정물화는 회화와 예술 전반이 기입되는 의미 있는 전체 속에 일종의 공허, 하나의 순수한 장식을 도입했다. 정물화는 축조물이 가치를 부여하는 전개와 무관했다. 그렇기는 하되 그것은 그래도 교회의 기둥머리에서, 분명히 보잘것없기는 하지만, 순진한 장식의 자리를 찾았다.

마네의 감탄할 만한 정물화는 다르다. 그것은 이제 더이상 과거의 정물화처럼 장식적인 오르되브르•가 아니다. 다른 그림들과 마찬가지로 어엿한 그림이다. 이는 우선 마네가 인물의 이미지를 장미꽃이나 브리오슈빵의 이미지와 같은 층위에 놓은 덕

• hors d'oeuvre. 식사에서 주 요리에 앞서 나오는 가벼운 음식(애피타이저)을 뜻하며, 예술 분야에서는 작품의 부차적 부분을 가리키는 단어로, 문자적 의미는 '작품 이외'이다.

분이다. 〈아틀리에의 점심〉에서 정물은 인물의 층위로 옮겨가고, 인물은 그만큼 사물의 층위로 추락한다. "마네가 무엇보다도 위대한 정물화가라고 한다면 그것은 우연이 아니다"라는 말로의 문장은 이 같은 의미의 상호성 가운데, **오로지 이 상호성 안에서만** 정당성을 갖는다. 막연한 빈정거림의 요소는, 비록 기법의 공격적 계기에 국한될지언정, 여전히 그 무심한 대상들에 생기를 불어넣는다. 마네의 정물화는 말로가 세잔의 정물화에 부여하는 순수하고도 비밀스런 "왕권"을 아직 갖고 있지 않다. 마네의 레몬은 엉뚱하다. 〈아스파라거스〉의 역설은 그런 성격을 날카로운 고음으로 끌어올리며, 마네의 무심함이 가담하는 미끄러짐을 조명한다.

종종 그토록 다양한 작품의 전체적 의미는 우리를 벗어난다. 그것은 그만큼 다채롭다.(마네는 젊어서 죽은 까닭에 제한된 수의 그림밖에는 남기지 않았음에도 말이다.) 종종 우리는 그것을 그 어떤 진술 가능한 것과도 결부시킬 수가 없다. 오로지 남는 것은 예술 작품의 공통적 소여, 말하자면 그 이유를 설명할 수는 없으나 첫눈에 세잔을, 쇠라를 알아보게 하는 공통적 소여뿐이다. 그러나 우리가 예술가를 귀착시키려고 애쓰는 그 간단한 소여에 작품의 과도한 다양함이 대립한다. 그것은 공통적 소여를 말소하지는 않아도 덧없는 것으로 만든다. 다양함은 공통적 소여를 종종 믿기지 않는 것, 곧 화가가 미래의 자기 캔버스에 대해 겪어야만 했던 불확실성으로 대체한다. 화가는 우리가 쉽게 알 수 있는 것, 곧 완결된 형상, 또는 죽음에 의해 중단되었다고 말할 수 있는 형상을 알 수가 없었기 때문이다……. 우리는 우리가 찬미하는 그림이, 화가의 눈에 우선 나타났던 불확실성과 우리 눈에 나타나는 확실성 사이에 유예되어 있었다는 사실을 상상하지 못한다. 그런데 자신이 원하는 바를 분명하게 알지 못했던, 또한 자신의 표현 방식을 현명하게 활용하기보다 부단히 모색하고 회의하며 다른 사람들의 판단을 두려워했던 마네가 문제라면, 예술의 이 끝없는 곡절, 오로지 과도한 자신감과 고단함을 통해서만 극복되는 그 곡절을 어떻게 조명하지 않을 수 있겠는가? 그리고 만약 우리가 그토록 다양한 캔버스들을 탄생의 모호한 빛 아래 다시 놓지 않는다면, 우리는 그것들에 대해 얼마나 큰 오해를 하게 될 것인가?

마네의 매력을 이루는 것은 우유부단, 주저가 아닌가? 베르트 모리조에게서 화가의 재능과 모델의 아름다움(지성의 변덕은 말할 것도 없이)이라는 이중의 매혹을 발견하지 못했다면, 마네는 아마도 인상주의 그림을 그리지 않았을 것이다. 마네는 그때까지 아틀리에에서 어두운 그림만 그렸다. 그는 카페 게르부아에 모여드는 그의 찬미자들, 그의 광신자들의 원칙을 단 한 번도 채택한 적이 없었다. 베르트 모리조는 이 불안정한 인물로 하여금 바깥 공기와 밝은 색채를 받아들이도록 했다. 그것은 마네의 친구들이 익히 권장하던 것으로, 마네는 이를 자신의 경력 후기에, 곧 〈배 위에서〉, 아르장퇴유에서 그린 그림들, 〈모네의 아틀리에〉 〈베네치아의 대운하〉에서 채택했다. 하지만 그가 변한 게 사실이라고 하더라도, 그는 언제나 일정한 거리를 유지하는 인상주의자였다. 1874년 그의 친구들이 살롱전에 작품 출품을 집단적으로 거부할 때, 그리고 드가, 모네, 르누아르, 세잔, 베르트 모리조를 비롯한 다른 화가들이 따로 전시회를 열 때, 마네는 그들과 행동을 같이하지 않았다. 그해가 끝나갈 무렵, 베르트 모리조는 마네의 동생과 결혼했고, 더이상 그의 모델을 서지 않았다. 마네의 인상주의는 본질적으로 이 결혼 이전에 위치한다. 다만 생애 막바지에 벨뷔, 베르사유, 뤼에유에서의 체류가 병든 마네를 정원의 바깥 공기와 〈산책〉의 매혹으로 이끌었으니, 거기서는 임박한 죽음이, 그때까지 그가 거부하던 방임과 행복한 단순함을 끌어들이고 있다.

연약하고 주저하며 언제나 긴장한—회의懷疑 가운데 지나치게 긴장한—모습. 이것이 내가 마네에 대해 가질 수 있는, 무심함과는 상반되는 유일한 이미지이다. 떨림은 아마도 그의 손의 본질적인 움직임이리라. 그것은, 주제가 도입할 수 있었을 규약적 감정에 결코 순종한 적이 없으며, 어떤 은밀한 성향을 드러낸다. 회화는, 설사 그것이 회화가 아닌 것에 대해—까다롭게—독립적으로 남아 있길 원한다고 해도, 손에 붓을 쥐고 있는 존재의 내밀함을 늘 드러내기 마련이다. 삶의 기쁨이 모네와 르누아르의 작품을 환히 밝혔고, 냉소는 드가의 눈이 튀어나오게 만들었다. 무심함의 원칙은 담론적 등가관계가 가능한 그 어떤 것도 회화에서 표현하지 않겠다는 결심을 뜻한다. 그러나 마네의 가장 깊고 가장 세차며 가장 변화무쌍한 감정들은 캔버스 위로 쉼 없이 모습을 드러냈다.

아마도 마네의 첫번째 걸작인 〈개와 함께 있는 소년〉은 포착할 수 없는 슬픔을 발산한다. 표면적으로 이 슬픔은 〈체리와 함께 있는 소년〉의 죽음과 연결된다. 그는 개와 함께 있는 소년에 앞서 마네가 고용했던 아이다. 체리와 함께 있는 소년은 아틀리에에서 붓을 빨았고 팔레트를 긁었으며 경우에 따라 모델을 서기도 했다. 그러나 주인의 꾸지람을 들은 소년은 목을 매고 말았다.(보들레르의 산문시 「끈」이 이야기하고 있는 것이 바로 이 이야기이다.) 마네의 성격에는 일종의 균열, 하나의 숨막히는 우울이 있고, 이는 이탈리아 화가 데 니티스가 그의 친구 마네의 바탕을 이룬다고 보았던 밝은 성격과 공존한다.

이렇듯 다채로운 양상에 기묘하고 성가신 관능의 무거움이 추가된다. 관능은 분명 〈올랭피아〉의 지워진 후경에 불과하지만, 여자의 벌거벗음은 강박적 단순함을 지니고 있다. 〈폴리베르제르의 바〉는 무한한 빛의 축제로서 여성 바텐더의 무기력한 아름다움을 빨아들이지만, 음험한 도덕적 안이함이 그림 위로 무거운 침묵이 감돌게 한다. 마찬가지로 〈'오페라'의 가면무도회〉는 현대적 침울과 관능적 모호함의 거슬리는 유희를 보여준다. 〈나나〉에서 우리는 일화의 빈약함을 색채의 마술로 감싸는 힘을 더이상 발견하지 못한다.(설사 이 그림이 대가적인 것이라고 하더라도, 구도가 딱딱하다.) 거기서는 강박관념이 느껴진다.

〈나나〉는 마네의 작품에서 여인의 초상화들 가운데 하나, 곧 그가 카페 토르토니에서 알게 된 앙리에트 오제르의 초상화일 뿐이다. 마네는 당대 화류계 여인들의 초상화가가 되었고, 그들과 어울리길 좋아했다. 그런 여인들 가운데 말라르메의 정부였다가 마네의 정부가 된 메리 로랑은 가장 유명하고, 또 단연코 가장 매력적이다. 〈나나〉는 삽화가 아니며, 일단 그려진 연후에야 졸라의 책과 연결되었다. 그것은 도발적 연출에 의해 여타의 초상화들과 구별되는데, 이 도발은 〈튈르리정원 음악회〉가 보여주는 의복의 현대성을 내용으로 한다. 하지만 우리는, 규약 따위는 아랑곳하지 않는 이미지로 감싸인 은밀한 호기심에서 풍속화로, 일화로 나아가는 미끄러짐을 강조해야만 한다. 그 같은 미끄러짐은 양보의 길을 연다.

한데 이런 양보는 마네가 출발한 원칙을 조금도 저버리지 않았다. 그는 오로지 "자기 눈에 보이는 것"만을 그렸다. 1861년 살롱전에 출품한 그림 〈오귀스트 마네 부부의 초상〉(그의 부모)은 진실을 적나라하게 보여주되, 장차 젊은 화가의 맹목적이지만 집요한 작업이 될 회화의 전복에는 부응하지 않는다.(마네는 때로 숨을 돌리고 적대감을 완화할 필요가 있었다.) 하지만 가장 깊은 본능에 순종하길 그칠지언정, 그는 자신을 저버리는 듯 여겨지는 것은 아무것도 하지 않았다. 1873년의 〈맥주〉에서부터 일련의 풍속화는 시작되고, 이들 그림에서는 그의 경직성이 누그러진 모습으로 나타난다. 〈맥주〉는 그의 고정관념, 그의 사실주의를 대중의 재미에 맞춘 그림이다. 그 살아 있는 듯 생생한 인물은 마네의 비방자들에게서 그가 제대로 그릴 줄 모른다고 말할 권리를 빼앗아버렸다. 얼마 뒤 〈셰 르 페르 라튀유〉는 마네의 더욱 이상한 유혹을 증언한다. 그는 시대에 충실한 생생함의 화가가 되길 꿈꾸었던 것 같다. 하지만 〈맥주〉와 달리 격렬한 성격을 지닌 이 그림은 저속한 그림을 좋아하는 이들에게 아무것도 양보하지 않는다. 그의 생애 막바지에 관찰되는 이런 경향은 몇몇 유화를 특징짓는다. 〈나나〉와 〈카페에서〉가 그런 예이다. 〈빨래〉 〈맥주 나르는 여종업원〉 〈온실에서〉 역시 거기서 멀지 않다. 이들 그림의 인물들은 삽화가 수록된 모파상의 책에 잘 어울릴 수 있다. 하지만 여기서도 마네의 마력은 여전히 발견되니, 대담한 필치와 예상을 벗어나는 화면 구성은 언제나처럼 뿌리를 뽑아내는 것 같은 힘을 갖고 있다.

이런 흔들림에 대해 오래 이야기하는 것은 쓸모없는 일일 것이다. 마네는 마지막까지 스스로에게 충실했다. 1881년에 그린 〈폴리베르제르의 바〉는 그 같은 흔들림을 보여주는 그림들에 속할지는 몰라도 엄연히 스스로를 변모시키는 마법을 갖고 있다. 〈막시밀리안황제의 처형〉 못잖게 경직되고 말이 없는 〈자살한 남자〉, 그리고 이 시기의 많은 초상화와 모든 정물화는 "저항할 수 없는 매력"을 갖고 있다. 〈나나〉와 같은 시기에 속하는 〈말라르메의 초상〉은 〈올랭피아〉 이후에 나온 마네의 걸작이다.

이 특별한 그림에 멈추고자 한다. 이 그림은 어떤 의미에서는 내가 말하는 침묵의 원칙을 벗어난다. 여기서 이미지의 웅변은 두드러지지 않지만, 그럼에도 불구하고 이미지는 웅변적이다. 이 초상화는 **의미한다**. 즉 말라르메가 의미하는 바를 의미한다. 말로는 이렇게 말했다. "〈클레망소의 초상〉을 그리기 위해 마네는 자신이 감히 전부가 되고 클레망소는 거의 아무것도 아닌 존재가 되도록 해야만 했다." 한데 〈말라르메의 초상〉은 다르다.

마네가 이 초상화를 그리던 무렵 폴 자모는 영어교사였던 말라르메의 학생이었다. 그는 초상화를 처음 보았을 때 유사함에 놀랐다. 이런 말을 그가 하는 것은 G. 빌덴슈타인, M.-L. 바타유와 함께 마네를 다룬 중요한 저작 안에서이다. 하지만 문제는 거기에 있지 않다. 이 초상화가 말라르메에게서 떨어져나올 수 없는 것은 보다 깊은 이유 때문이다. 실내를 마치 푸가처럼 휘돌며 달아나는 시선, 유한의 부재가 무게로부터 해방하는 얼굴, 미끄러지지만 강력한 주의력, 그리고 고요한 현기증, 이것들은 마네가 받은 감동일까? 마네는 그런 감동을 캔버스에 옮겨놓았을까? 가능하다. 하지만 그 이전에, 새의 빠름과 비상의 파동에 핵심이 있는 저 엄격한 형태들, 그리고 희미한 푸른색의 저 준엄한 조화들은 캔버스 위에서 말라르메와 결합한다. 이 유희는 화가의 전율이 고양하는 형태와 색채의 유희에 머무르지 않는다. 이 유희는 말라르메를 표현한다.

이런 구성은 마네의 캔버스에 고유한 무심함의 원칙과 배치되지 않을까? 우리는 이 그림의 어떤 것도 화가의 걸작들이—우리를 정직한 헐벗음 가운데 되돌려놓는 그 걸작들이—우리에게 전해주는 감정과 충돌하지 않는다고 말해야만 한다. 이 그림에서 일어나는 것은 그것을 부인하지 않는다. 이 그림에서 일어나는 것은 그 지고의 가치를 전시하며, 이 가치는 회화의 목표와 일치한다. 이 가치는 예술 그 자체이고, 어떤 면에서 헐벗은 양상을 띠는 그 예술은 과거가 세상의 지배 아래 두고 싶어했던 비장한 그림자들에 이어 나타난 것이다. 예술가는, 만약 그 이름이 말라르메라고 한다면, 예술의 현존이자 무거움의 부재일 뿐, 그 이상 아무것도 아니다. 마네가 〈말라르메의 초상〉을 그릴 때, 그는 자신이 선택한 주제의 의미를 파괴할 수 있었을까? 하지만 이 경우는 주제 자체가 시이고, 그 순수함은 그림자들의 필사적 도주에 다름 아니며, 시 자체는 비현실이 비쳐 보이게 한다.

이 초상화는 회화의 행복한 우연 가운데 하나이다. 그것은 헛된 풍요를 벗어던진 회화의 깊이를 우리 눈앞에 펼쳐놓는다. 이 그림에서 비쳐 보이는 것은 한 세기 전부터 아틀리에를 강박처럼 넘나들고 있는, 그러나 거의 항상 포착하기가 힘든 저 지고의 가치이다. 발레리는 그가 "마네의 승리"라고 부르는 것을—먼저 보들레르를 통해, 그리고 이어서 말라르메를 통해 이룩된—시와의 만남과 결부시킨다. **승리**는 바로 이 그림에서 완성되는 것 같다. 가장 내밀한 방식으로.

한 사람은 캔버스 앞에 있고, 다른 사람은 언어의 예측할 수 없는 유희 속에 있지만, 그럼에도 불구하고 같은 공상을 좇는 두 사람의 만남에서 나는 일종의 축복을 본다. 캔버스는, 아마도 가장 무거운, 그러나 동시에 가장 가벼운 기상奇想으로 인간이 환원되는 것을 용이하게 반영했다. 섬세한 유희는 그 섬세함의 정점에서 이제 유희 자체만을 재현해야 했다. 한데 이를 위해 거기서 무엇이건 바꾸는 것은 불필요한 일이었다. 붓의 터치에 힘을 싣는 듯싶게 거두고, 그렇게 포착할 수 없는 것을 표현하는 것만으로도 충분했다. 의미의 고착에 대한 이렇듯 깊은 저항은 영국 작가 조지 무어의 초상에까지 남아 있다. 인간의 얼굴이 굴의 포착할 수 없는 진실과 순진함에 이보다 더 가까운 적은 아마도 없다……. 하지만 조지 무어의 아름다운 초상이 섬세하다면, 말라르메의 초상의 섬세함은 확실히 한 가지 요소를 더 갖고 있으니, 거기에는 어떤 미끄러짐도 섬세하게 해주지 않는, 빙빙 도는 가벼운 움직임만이 있을 따름이다.

이 초상화들은 마네가 다른 친구들을 그린 초상화들과 대척점에 위치한다. 다른 친구들의 초상화에서는예술가가 피력하는 목표와—극단에서—일치하는 투명성에 의해 성격이 완화되지 않고 있다. 예컨대 테오도로 뒤레의 초상화를 두고 나는 굴의 무의미를 말할 수 있다. 하지만 뒤레의 행복한 무감각이 형태와 색채의 빈 외양들로 환원되는 동안, 예술가의 진정성 속에서 과잉의 감수성은 섬세함을 더한다. 앙토냉 프루스트나 클레망소의 초상은 뉘앙스를 추가한다. 거의 정물화에 가까운 이 그림들에서 생명은 회화의 변덕스러운 마력에 의해 중화된 나머지 무의미한 양상을 띤다. 마네가 예술가로 바라볼 수 있었을, 아니 바라보았어야만 했을 아스트뤼크와 졸라의 두 초상화는 이들 그림과 달라 보이는데, 내 생각에 그것은 덜 완성되었기 때문이다.

활기 없는 얼굴들과 섬세한 감수성으로 가득한 얼굴의 대립을 우리는 벌써, 〈발코니〉가 하나의 캔버스에 모아놓은 세 인물에게서 발견한 바 있다. 이 그림에서 앙투안 기유메와 파니 클로스의 활기 없는 모습은, 예술과 아름다움의 열기가 내면으로부터 빛나는 베르트 모리조의 얼굴에 대해 중화中和의 보석 상자의 역할을 해준다.

생의 마지막 시기에 마네가 여럿 그린 미인들의 초상화에서 주제는 아마도 언제나 기탄없이 제시된다. 하지만 내가 말한 것처럼, 제시하고, 또 제시하는 동시에 거두어들이는 〈발코니〉는 이후 유혹적인 미인들의 초상화로, 그리고 또한 숭고한 말라르메의 초상화로 귀결되는 것의 맨 처음 출현을 보여준다. 〈올랭피아〉를 포함한 빅토린 뫼랑의 다양한 모습들은 이런 의미를 갖고 있지 않았다. 그 광채는 흐릿하며, 전체 그림이 부과하는 무의미의 감정에 의해 말 그대로 빛이 꺼져 있었다. 그러다 문득 처음으로 〈발코니〉의 베르트 모리조가 전혀 예기치 않게, 검은 구름 사이의 별처럼 고요히 모습을 드러낸다. 이후에도 그녀는 다시 나타나 금방 사라질 것 같은 현존으로 캔버스를 점유할 것이다. 마치 언제나 그녀에겐 부당한 어떤 것이 있어서, 바람에 들리고 실려 금방 모습을 감추어야만 하는 것처럼 말이다. 이렇듯 마네의 작품에서 진정한 **주제**는 우선 〈발코니〉의 모호함 속에서만, 또는 다른 초상화들에서 유예된 성격을 나타내는 흔들림 속에서만, 아니면 더욱 이상한 일이지만, 오로지 눈만 드러내는 부챗살 사이로만 그림 속으로 들어갈 수 있었다.

마네의 첫번째 비밀이 르네상스의 비너스가 겹쳐져 있는 〈올랭피아〉에서 비쳐 보이는 게 사실이라면, 더욱 심오한 또하나의 비밀은 부챗살에 감추어진 모습으로, 그러나 결국 그 깊이를 더욱 잘 보여주는 방식으로 고백되고 있다.

나는 마네를 통해 가장 비밀스러운, 가장 통찰하기 힘든 화가 가운데 한 사람을 보여주고자 했다. 그는 오늘날 현대 회화가 우리 눈앞에 펼쳐놓고 있는, 온갖 놀라움으로 풍요로운 이 환상적 세계의 탄생을 알리기에 가장 마땅한 화가였다.

마네와 바타유, 예술과 주권•

1. 조르주 바타유와 예술

조르주 바타유Georges Bataille(1897~1962)의 사유를 가장 뚜렷하게 특징짓는 개념 하나를 들라면 우리는 주저하지 않고 '과잉'을 고를 것이다. 늘 부족과 결핍을 불평하고 핑계 대며 살아가는 우리의 삶을 생각할 때, 그리고 그런 현실을 설명하는 다양한 이론을 생각할 때, 그것은 대단히 낯설고 놀라운 개념으로 다가오는 까닭이다. 바타유의 또다른 핵심 개념인 '위반'의 전제 조건(과잉의 소모가 위반이다)이기도 한 이 개념에서 감지되는 것은 니체의 숨결이다. 프랑수아 바랭이 확인하듯, "삶을 권력 의지로 보는 모든 니체적 규정은 이 과잉과 넘쳐흐름의 의미에서 오거니와, 바타유는 그것을 '일반 경제'의 이름 아래 사유하려고 시

• 이 글은 졸고 「조르주 바타유의 예술론—『마네』를 중심으로」(『불어불문학연구』 88집, 2011)를 수정한 것이다.

도한다."•

바타유는 『저주의 몫』에서 우리가 알고 있는 경제의 개념은 제한적인 것을 일반화한 것에 불과하다고 보면서 이렇게 말한다. "전체로서 고찰된 경제 활동은, 그 목적이 제한되어 있는 특수한 작용의 방식으로 구상된다. 정신은 작용들의 전체를 조합하면서 일반화한다. 즉 경제학은 고립된 상황을 일반화하는 것으로 만족하며 제한된 목적, 곧 경제적 인간의 목적을 위해 수행되는 작용들로 그 대상을 한정한다. 그것은 그 어떤 특수한 목적에 의해서도 제한되지 않는 에너지의 움직임, 다시 말해 그것을 낳은 빛의 운동 가운데 포착된 생명체 일반의 움직임을 고려하지 않는다."•• 이에 반해 작용의 총체를 고려하는 일반 경제의 입장에서는 인간뿐 아니라 지구상의 온갖 생물체들과 그들이 처분하는 에너지 전반의 상호작용을 고려하는데, 이때 에너지는 기본적으로 과잉이다. 그럴 수밖에 없는 것이 모든 생물체는 일정한 기간이 지나면 성장을 멈추기 마련이며, 그 순간부터는 생명 유지에 필요한 최소한의 에너지를 제외한 나머지 에너지는 잉여 에너지가 되기 때문이다. 설사 어떤 지역에서 에너지가 부족한 상황이 도래한다고 해도 죽음이 생물체의 개체 수를 조절

• François Warin, *Nietzsche et Bataille*, Paris, PUF, 1994, p.61.

•• Georges Bataille, *La Part maudite*, Paris, Minuit, 1949, p.61.(이하 괄호를 열고 'PM' 뒤에 쪽수를 적어 출처를 표기한다.)

하여 에너지가 부족한 상태를 과잉의 상태로 되돌려놓기 마련이다. 따라서 근본적으로 태양에서부터 오는 지구상의 가용 에너지는 생물체의 입장에서는 언제나 과잉일 수밖에 없다.

지구상의 삶을 이렇듯 총체적으로 접근할 때 확인하게 되는 또하나의 사실은 "실제로 성장은 없고 총량 일반의 유지가 있을 뿐"이라는 점이다. "가능한 성장은 수행된 파괴의 상쇄일 따름이다. ……일반적으로 성장은 없고 다만 온갖 형태의 사치스러운 에너지의 탕진만이 있을 뿐이다."(PM71) 결국 인간 세계는 부족과 결핍 대신에 과잉과 그것의 낭비 또는 사치가 지배하는 세계로 나타난다. 바타유에 따르면, "인간의 비참이 아무리 끔찍하다고 해도, 생산을 목적처럼 보이게 하는 보존에 대한 배려가 비생산적 소모에 대한 배려를 능가할 정도로 사회를 지배했던 적은 결코 없었다."• 문제는 가난한 지역이나 국가조차도 처분할 몫을 갖는 이 과잉을 어떻게 소모하는가이다.

여기서 바타유의 독특한 입장이 전복적 얼굴을 내민다. 소모 또는 소비를 핵심으로 하는 그의 일반 경제는 생산과 축적을 근간으로 삼는 기존의 경제 개념을 송두리째 뒤집어엎는 것이다. 그는 과잉의 소모가 갖는 중요성을 이렇게 정리한다. "전체를 보면 사회는 언제나 자신의 존속에 필요한 것보다 더 많이 생산

• Georges Bataille, "La Notion de dépense", in *La Part maudite*, Paris, Minuit, 1949, pp.31-32.

한다. 사회는 과잉을 처분한다. 한데 사회를 결정짓는 것은 바로 사회가 그 과잉을 어떻게 사용하는가이다. 초과량은 동요, 구조의 변화, 그리고 모든 역사의 원인이다."(PM143) 바타유는 과잉의 부분은 사치의 대상으로서 마땅히 소모되어야 한다고 말한다. 그렇지 않을 경우 그 '저주의 몫'은 얼마든지 파괴의 요소로 돌변하여 전쟁을 일으킬 수 있기 때문이다. 그는 지나친 산업의 발달로부터, 그리고 거기서 생겨난 에너지의 과잉으로부터 1, 2차 세계대전이 발발했다고 강조한다.(PM63) 과잉의 소모는 개인적 차원에서도 본질적인 중요성을 갖는다. 소모는 인간이 내일을 위한 염려와 그에 수반되는 타산, 그리고 사물의 무게로부터 벗어나 본연의 모습을 되찾는 계기를 마련한다. 바타유는 "인간은 그 같은 [소모를] 대가로 타락에서 벗어나고, 현실 질서의 냉혹한 타산과 인색함이 그의 내부에 도입한 무거움을 걷어낼 수 있었다"(PM99)고 말하는가 하면 "내밀한 감정은 소모이다. 내밀한 감정을 표현해주는 것은 소모이지 사물이 아니다. 사물은 내밀한 감정의 부정이다"(PM168)라고 단언한다. 마르셀 모스의 『증여론』에서 영향을 받은 이 소모의 개념은 바타유 사유의 핵심적 요소로서 그가 논하는 주제들 대부분에 관련되는바, 이런 사정을 장 피엘은 다음과 같이 정리한다. "에로티슴과 고뇌에 관련된 자신의 개인적 체험과 일치하고, 아버지의 인색함과 이성적 행태에 시달리며 낭비만을 갈망하는 아들의 체험과 일치하며, 심지어 정신분석의 어떤 여건과 일치함을 바타유 스스로 강조하는 그런 생각은 그에 따르면 수많은 사회적, 정치적, 경제적, 미학적 현상들을 설명해준다. 사치, 유희, 공연, 종교 예식들, 그리고 생식의 목적에서 벗어난 성행위, 예술, 좁은 의미의 시詩는 모두 비생산적 소모의 발현들이다."• 이 말에서 주목해야 할 것은 예술이 사치, 도박, 공연, 종교, 성행위, 시와 함께 소모의 범주에 분류되었다는 사실이다. 예술은 "낭비"로서 "아버지의 인색함과 이성적 행태"에, 유희로서 노동과 타산의 세계에, 내일을 위해 오늘을 희생하는 염려에 대립하는 것이다.

에두아르 마네(1832~1883)는 현대 예술의 문을 연 화가로 평가된다. 이 위대한 화가에 대해 바타유가 행한 성찰의 결과가 바로 『마네』(1955)이다. 위반과 전복으로 요약되는 바타유의 사유는 현대 예술이 시작되는 지점에서 어떻게 펼쳐지는가? 그리고 놀라운 예술가인 마네는 바타유의 관찰에서 어떤 모습과 목소리를 지니고 나타나는가? 이 두 질문을 갖고 바타유의 『마네』를 들여다보도록 하자.

• Jean Piel, "Bataille et le monde", in Bataille, *La Part maudite*, pp.14-15.

2. 에두아르 마네

2.1. 초상

아르놀트 하우저가 『문학과 예술의 사회사』에서 말한 것처럼, 19세기 중후반 이후로는 미술, 그중에서도 특히 회화가 예술의 발전을 주도했다.• "화가들과 시인들의 일상적 만남"(67)••이 동요와 열정 가운데 새로운 돌파구를 찾는 열띤 분위기는 다분히 프랑스에 국한된 현상이거니와, 이 시기에 발달한 인상주의는 15~16세기 이래로 서양을 지배하던, 원근법의 틀 위에서 현실 모방을 근간으로 삼는 근대 회화를 해체하고 형태의 추구로 특징지어지는 20세기 추상미술을 준비했다는 예술사적 의미를 갖는다. 2차원의 평면 위에 3차원적 공간의 효과를 산출하는 현실 모방의 회화가 이성에 바탕을 둔 서양 근대문명의 조형적 구현이라는 점을 생각하면, 인상주의에 의해 구체화된 회화의 격변은 예술의 차원을 넘어 하나의 근본적인 문제제기로 나타나기에 이른다. 그것은 예술의 영역에 그치지 않고 인간의 삶 전반에 관련되는 문명사적 의미를 갖게 되는 것이다. 마네는 이렇듯

• A. 하우저, 『문학과 예술의 사회사』, '현대' 편, 백낙청, 염무웅 옮김(창작과비평사, 1974), 175-176쪽.

•• 『마네』 본문에서 인용할 때는 괄호 안에 이 책의 본문 쪽수만 표기한다.

새로운 패러다임이 구축되기 시작하는 예술적 격변의 자리에서 결정적인 위치를 점한다.

엘리 포르는 『미술사』에서 마네에 대해 말하면서 "대담"이란 표현을 세 차례나 동원한다.• 지금도 놀랄 수밖에 없는, 대담하기 이를 데 없는 〈풀밭 위의 점심〉(1862)이나 〈올랭피아〉(1863)를 생각하면, "대담"이란 말은 마네의 작품에 더없이 잘 어울리는 듯하다. 그러나 그토록 거대한 문명사적 패러다임의 전환을 촉발한, 또는 그 엄청난 전환이 발생하는 바로 그 자리에 있던 화가는 과연 어떤 사람이었을까? 모든 인간이 그러하듯 사회 속에서 동시대인들과 부대끼며 살아갈 수밖에 없었던 마네라는 인물은 과연 어떤 성격과 태도를 갖고 그의 주변에서 일어나던 예술사적, 문명사적 격변에 반응했던가? 그는 모든 것을 온전히 의식하는 가운데 예술의 혁신을 감행했던가? 아니면 역사가 맞닥뜨린 "우연의 도구"(38)에 불과했던가?

바타유는 여러 증언을 취합하여 마네의 초상을 그리고, 이 초상은 미술사에서 통용되는 것과 일치한다. 우리가 우선 발견하는 것은 부유한 집안 출신으로 사교계를 좋아하되 살롱을 드나들기보다는 당시 유행하던 대로변 카페에서 수다 떨기를 즐기는, 영악하고 빈정대기 좋아하며 재치가 넘치는 다분히 피상적

• Élie Faure, *Histoire de l'art, L'art moderne II*, coll. ≪folio/essais≫, 1987, pp.112, 116~117.

인 인물이다. 한데 이 우아한 파리지앵은 내적으로 창조적 열기에 갊힌, 왁자지껄한 카페의 저녁을 뒤로하고 아침이면 빈 화폭을 향해 열정적으로 달려드는 예술가이다. 소극적이며 스스로에 대한 확신이 부족하고 늘 실패에 고통스러워하는 인물이지만, 또한 "연약하고 주저하며 언제나 긴장한—회의懷疑 가운데 지나치게 긴장한—"(108) 인물이지만, 그 어떤 화가보다도 대담하게 기존의 관습과 전통을 거부하고 예술의 지평에 파란을 불러일으키는 예술가이다. 그림을 그리기 위해 그는 언제나 과거의 작품에서 구도를 빌려야만 한다. 하지만 그는 누구보다도 강력하고 다채로운 창조력을 보여주는 화가이다. 요컨대 그는 이율배반적 모순을 지닌 인물로 나타난다. 바타유는 마네의 초상을 다음과 같이 마무리한다.

> 이런 자신감의 결여와 지나치게 빠른 반응은 일관성 결핍의 한 측면을 증언한다. 하지만 이 일관성 결핍은 모험의 비개인적 성격과 통한다. 마네가 감내한 유일한 모험인 그것은 그 역사 전체가 비개인적이다. 마네, 약간 피상적인, 그러나 날카로운 신경을 소유한 사람. 넘치는, 그를 불만족의 상태에 내버려두며 소진시키는, 그가 어렵사리 이해하는, 그러나 확실히 그를 넘어서는 하나의 목표에 사로잡힌 사람.(36~37)

매우 함축적이고 암시적인 이 구절은 크게 세 가지를 말한다. 하나는 마네의 단호하지 못하며 일관성이 결핍된 태도이다. 다른 하나는 마네의 예술이 보여주는, 태도의 일관성 결핍에 연결된 비개인적 성격이다. 나머지 하나는 마네와 함께 시작된, 그러나 "확실히 그를 넘어서는" 변화의 거대함이다. 서로 긴밀하게 연결되어 한 몸통을 이루는 이 세 가지 문제를 좀더 자세히 들여다보도록 하자.

르네상스 이래의 근대적 재현 양식을 거부하고 현대 예술의 막을 연 화가가 보여주는 약한 모습은 의외이다. 프랑스 정부가 개최하는 살롱전에 출품했다가 낙선하는 마네의 모습을 미술사는 여러 차례 보여준다. 마네는 그런 결과에 대범한 모습을 보이기는커녕 크게 낙담하고 괴로워한다. 이런 모습은 훗날 마침내 심사 없이 살롱전에 그림을 걸 자격을 얻고 레지옹도뇌르 훈장을 받으며 살롱전의 심사위원이 되었음을 기뻐하는 모습으로 이어진다. 한데 여기서 중요한 것은 마네의 약한 모습이 단지 세상에서의 성공 여부에만 달려 있는 게 아니라는 사실이다. 바타유에 따르면, 마네의 "흔들림"은 근대의 전통적 가치가 더이상 유효하지 않게 된 시대의 정신적 혼란을 반영하며 깊은 역사적 의미를 갖는다. 이런 상황에서 사람들은 하나의 방향을 선택한다. 하지만 마네는 오로지 "자리를 차지하고 있는 죽은 시스템으로부터 별안간 멀어지는 것으로 만족했다." 그리고는 "삶을 가르는 경향의 다양성"을 받아들이면서 그것을 자기 예술에 반영한다. 이런 태도에는 치러야 하는 대가가 있으니, 대중의 몰이해와 그에 따른 자신감 결여 및 동요가 그것이다. 바타유는 마네를 이해해줘야 한다고 말한다. 마네가 그를 "혼란에서 끄집어내줄 그 어떤 것도 발견할 수 없었"기 때문이라는 것이다. 나중에 마네는 인상주의에 가까워지기도 하지만• "그 앞에 차례차례 나타났지만 그를 안착시키지 못한 가능성들의 무질서와 비교할 때 인상주의는 차라리 빈약한 것이었다."(39) 이런 사실들을 고려할 때 마네의 일관성 결핍은 오히려 긍정적 측면을 갖는 것으로 볼 수 있다.

2.2. 새로운 형태의 세계

바타유는 마네를 보들레르와 비교한다. 마네와 친분이 있었으며 그를 격려하고자 약함을 나무라기도 했던•• 보들레르는 마네보

• 바타유는 마네가 인상주의에 가까워진 것, 곧 실외에서 그림을 그리고 밝은 색채를 사용하게 된 것에서 〈발코니〉(1869)의 주인공 베르트 모리조의 영향을 본다. 바타유에 따르면, 마네와 인상주의의 관계는 1874년 베르트 모리조가 마네의 동생과 결혼하면서 끝난다.

•• 바타유에 따르면, 보들레르가 마네에게 준 것은 세 가지, 곧 우정, 비밀스러운 세계의 인식, 그리고 희귀한 보물의 약속이다. 하지만 보들레르의 이런 격려에도 불구하고 마네는 회의에서 벗어나지 못했다는 것이 바타유의 판단이다.(123)

다 "더 막연하다는 점…… 더 불행하다는 점"에서 "이점"을 갖고 있었다.(40) 그는 낭만주의적 도발의 일환으로 군중을 경멸하고 자신을 고립시키면서, 다시 말해 자아에 집착하면서 스스로의 자리를 찾았다. 그는 또한 "일종의 착란 가운데 과거에 매달렸다." "보들레르와 비교할 때…… 하찮아" 보이는 마네는 그러나 겸손함으로 보들레르보다 훨씬 더 멀리 나아갔다.(42) 낭만주의자들과 달리 동시대 사람들을 경멸할 수 없었을뿐더러 세상에서의 성공에 매달렸던 "마네는 외치지 않았다. 오만해지려고 하지도 않았다. 그는 정말로 부진 속에서 모색했다. 아무도, 아무것도 그를 도와줄 수 없었다. 오로지 **비개인적** 고통만이 이런 모색 가운데 그를 인도했다."(45) 마네가 침체와 절망, 그리고 고통 속에서, 평범함과 겸손, 그리고 우아함 속에서 감당해냈던 비개인적 고통 또는 비개인성을 바타유는 아래와 같은 말로 정리한다.

> 이 고통은 화가의 것만이 아니었다. 심지어 비웃는 사람들조차도 그 까닭을 이해하지 못한 채, 그들을 격분하게 하는, 그러나 그들 안에 열리고 있던 공허를 뒤에 가서 채워줄 그 형상들을 **기다렸다**. 이렇듯 역설적인 형태의 기다림에 부응했던 마네는, 매번 무슨 수를 써서라도 새로운 양상 아래 발견해야만 하는 고정관념 또는 **개인적** 강박 이미지에 사로잡힌 사람들과는 정반대였다. 그가 모색한 대답은 그에게 개인적으로

주어질 수 있는 게 아니었다. 그를 고양하는 것은 제약, 권태, 그리고 시간이 죽은 표현 가운데 드러내는 거짓으로부터 그를, 그리고 그와 더불어 **다른 사람들**을 해방하는 새로운 형태의 세계 속으로 들어가는 은총뿐이었다.(45)

"새로운 형태의 세계 속으로 들어가는 은총"으로 이어지는 마네의 비개인성은 가장 표면적인 층위에서 "작품의 과도한 다양함"(106)으로 나타난다. 이 다양함은 마네가 쉰한 살의 나이로 일찍 세상을 떠나는 바람에 많은 작품을 남기지 못했음에도 불구하고 누구에게나 확연히 감지되는 것이다. 그것은 창조적 개성이라고 하는 근대 예술의 핵심적 요소에 반하는 것으로서 주체의 소멸과 형태 및 색채의 해방을 조장하면서, 마네가 일종의 "우연의 도구"로서 결정적 역할을 수행해낸 보다 크고 근본적인 변화에 관련된다. "그 토대가 서서히 미끄러져 사라지는 세계의 변화"(38)에 대해 바타유는 말한다.

과거에 예술은 주권적 형태들—곧 신이나 왕과 관련된 형태들(아주 먼 옛날에 이것들은 서로 혼동되었다)—을 표현했다. 이 형태들은 마네의 회화가 감당한 변화를 앞두고 매우 변질된 모습으로 나타난다. 그리고 그것들은 결국 거의 무의미한 것이 되고, 그 무의미로써 거추장스럽게 자리만 차지한다. 이

> 무의미는 부르주아적 사유의 지배에 연결되어 있는데, 이 사유는 가장 범용한 형태 아래, 심지어 잔존하는 귀족계급에게까지 부과된다. 이 사유는 정말로 위엄 있는 것, 논란의 여지 없이 고개를 숙이게 만드는 것을 전혀 구상하지 못하는 무능으로 이루어진다.(64)

사회 구성원들이 "논란의 여지없이 고개를 숙이게 만드는" "주권적 형태들"이 이제 더이상 존재하지 않는 세상, 이미 확고부동한 것으로 정립되어 있는 것을 그저 표현해내기만 하면 군중의 갈채를 얻을 수 있는 장인匠人이 더이상 불가능해진 세상, 이것이 바로 19세기 중반에 마네가 맞닥뜨린 상황이다. 이렇듯 근본적으로 새로운 국면에 맞서 마네가, 그리고 그와 함께 예술가들이 표현하기에 이르는 것, 그것은 "자기 스스로"의 "존재", 더 정확히 말하면 "존재의 '주권적인 모습'"이다.(38~39) 사회적 합의에 따라 수립된 주권적 형태들, 곧 신성과 왕권의 표현이 아니라 예술가 스스로의 주권의 표현이 관건인 것이다. 문제는 자유 가운데 주권을 표현해야 할 존재가 한낱 "공허로 부풀어오른 자아"(41)에 불과하다는 사실이다. 갈고 닦은 재능을 발휘하여 표현해야 할 드높은 상징적 형태들 대신에 무의 지평을 마주하게 된 것이다.• 보들레르와 마네가 차이를 갖게 되는 것은 바로 이 대목이다. 보들레르는 스스로 선택한 낭만주의적 고립 속에서 "공허로 부풀어오른 자아"에 집착한다. 반면에 마네는 고정관념이나 강박적인 개인적 이미지로부터 벗어난 자리에서 개인적으로는 주어질 수 없는 대답들을 탐색하되 "새로운 형태의 세계 속으로 들어가는 은총"을 통해서만 예술적 고양을 찾는다. 결국 보들레르는 마네가 온갖 어려움 가운데 보여준, "전통을 탈피하는 '개인적' 힘이 무엇을 뜻하는지 알지 못한 채" 마네를 좋아한 셈이 된다.(55) 보들레르가 알지 못한 개인적 힘, 그것은 종래의 주권적 가치가 더이상 유효하지 않게 된 무의 지평에서 마네가 발견하는 "긍정적 반대급부"에 관련된다.

> 그가 알아차리지 못한 것은 마네가 과거의 질서와 단절하면서 바로 그 퇴락으로부터 긍정적 반대급부를 끌어내고 있다는 사실이었다. 그것은 앵그르도 들라크루아도—쿠르베도—알지 못했던 것이었다.(코로는 아예 국외자였다.) 그 어떤 진실한 것도 더이상 생기를 불어넣어주지 못하는 웅변적 회화의 쇠진은 새로운 형태의 회화로 가는 길을 열고 있었다. 이 회화는 오늘날 우리에게 친숙한 것이지만 애초에는 아무도

• 가에탕 피콩(Gaëtan Picon, *1863. Naissance de la peinture moderne*, Paris, Gallimard, coll. 《folio/essais》, 1988, pp.19-20), 장 페페르(Jean Pfeiffer, "Entre Goya et Manet", in *Georges Bataille*, Arc No 32&44, Paris, Editions Inculte, coll. 《Collectif-Essai》, 2007, p.145), 프랑수아 바랭(François Warin, *Nietzsche et Bataille*, p.279) 등의 고찰 참조.

생각하지 못했던 것으로, 오로지 에두아르 마네의, 다시 말해 포즈에 무질서를 도입한 화가의 이상한 반응과 무모하고 고뇌에 찬 탐색만이 도달할 수 있었던 것이다.(55~56)

르네상스 이래 서양을 지배해온 근대적 재현 양식이 더이상 유효하지 않게 된 시점에 마네가 "긍정적 반대급부"로 제시하는 새로운 회화에서 우리가 발견하는 것은 그 자체로서 자율성과 자족성을 갖는 비개인적이고도 비개성적인 "형태와 색채의 노래"(49), 또는 가에탕 피콩이 말하는 "이미지의 절대적 현재"이다.• 이 같은 사실은 마네의 회화를 주체의 죽음과 언어의 해방으로 요약되는 탈근대 논의의 맥락에 위치시킨다. 미셸 푸코 등이 현대 문학에 대해 말하는, 주체의 사라짐 가운데 스스로의 존재를 드러내는 언어는 마네의 회화에도 얼마든지 적용될 수 있는 것이다.••

이제 마네의 그림들로 자리를 옮겨 그것이 제기하는 문제들을 좀더 구체적으로 살펴보도록 하자.

• Gaëtan Picon, *1863. Naissance de la peinture moderne*, p.55.
•• Michel Foucault, *La Pensée du dehors*, Paris, Fata morgana, 1986, p.15.

3. 침묵의 회화와 주권

마네의 작품 가운데 바타유가 중요하게 고려하는 것은 〈튈르리정원 음악회〉(1860), 〈풀밭 위의 점심〉 〈올랭피아〉 〈막시밀리안황제의 처형〉(1867), 〈발코니〉 〈스테판 말라르메의 초상〉(1876) 같은 그림들이다. 이 가운데 특히 바타유가 마네의 걸작으로 꼽는 것은 〈올랭피아〉이다. 1865년 살롱전에 출품되었을 때 "누런 배를 한 이 오달리스크" "일종의 암컷 고릴라라고나 할 이 '올랭피아'" 같은 모욕적 표현의 대상이 되고, 폴 드 생빅토르 같은 비평가로부터 "군중은 마치 시체 공시장으로 몰려들 듯 마네 씨가 숙성시킨 '올랭피아' 앞으로 몰려든다. 그토록 낮은 곳으로 내려간 예술은 심지어 비난할 가치조차 없다"(70~71)는 혹평을 받으며 엄청난 스캔들을 불러일으켰던 이 그림은 바타유의 눈에는 마네의 예술이 가장 날카로운 정점에 달한 순간을 보여준다. 〈올랭피아〉에 대한 바타유의 선호는 마네가 한 해 앞서 그린 또 다른 걸작 〈풀밭 위의 점심〉을 〈튈르리정원 음악회〉에서 〈올랭피아〉로 나아가는 "체계적인 탐구의 한 단계"(85)로 간주할 정도이다. 바타유는 마네가 죽은 뒤 루브르에 기증할 작품을 고를 때 화가의 친구들이 거의 만장일치로 〈올랭피아〉를 선택했고, 앙토냉 프루스트 혼자서 〈아르장퇴유〉(1875)가 더 뛰어나다고 했다가 다른 친구들이 화를 낸 사실을 언급하며 〈올랭피아〉의 대표성을 강조한다.

〈튈르리정원 음악회〉〈풀밭 위의 점심〉〈올랭피아〉는 단계적 양상의 발전을 보여주거니와 바타유가 거기서 읽어내는 요소는 크게 세 가지이다. 서로 구별되기보다 차라리 하나의 전체를 이루는 방식으로 연결된 세 요소는 다음과 같다. 첫째, 마네는 미리 정해진 회화의 규약을 통해 기존의 가치를 표현하는 대신 현재 자기 눈앞에 펼쳐지고 있는 눈에 보이는 것을 그리려고 했다는 점, 둘째, 회화가 하나의 웅변적 담론이 되게 하는 대신 설정한 주제를 파괴함으로써, 달리 말해 스스로 유발한 기대를 저버림으로써 회화를 침묵의 차원에 위치시킨다는 점, 셋째, 회화를 주제로부터 벗어나게 함으로써 그것에 독립적이고 자율적인 성격과 위상을 부여하며 주권의 차원으로 옮겨놓는다는 점이다.

3.1. 눈에 보이는 것

마네가 그림을 배우던 당시에는 역사화가 유행했다. 그의 스승은 〈쇠락기의 로마인들〉(1847)을 그린, 전통과 그것이 부과하는 규약에 충실한 토마 쿠튀르였다. 그런데 역사적 주제의 재구성은 마네에게 한낱 조롱거리에 불과했다. 그는 항변했다. “어떤 인물을 그릴 때 그 인물에 대한 사냥 허가증이 있어야 한단 말인가? 진실한 것은 하나밖에 없어. 보이는 것을 대번에 그리는 거지."(31) 과거의 전통과 규약이 아니라 눈에 보이는 것에 우선적 중요성을 부여했던 마네는 스승이 고용한 모델들과 수차례 갈등을 겪기도 했다. 그가 특히 받아들일 수 없었던 것은 근육을 부풀리는 과장된 포즈였고, 심지어 한 번은 단순하고 자연스러운 포즈를 취하게 하면서 옷의 일부를 걸치고 있도록 했다. 이 처사가 스승 토마 쿠튀르를 분노하게 했음은 물론이다.

"친구인 마네의 유화들이 좀더 나중에 조명하게 될 깊은 변화와 관련하여 진작부터 예외적으로 만족스러움을 표현"(51)했던 보들레르는 『현대 생활의 화가』(1863)에서 현재의 삶이 펼쳐놓는 눈에 보이는 것의 중요성을 강조했다.• 이런 입장은 마네의 입장과 일치하는 것이었고, 실제로 그것은 마네에게 커다란 영향을 끼쳤다. 1860년에 제작하고 1863년에 전시한 〈튈르리정원 음악회〉가 실크해트를 쓴 보들레르를 등장시키고 있는 것은 우연이 아니다. 이 그림은 마네의 스캔들의 시발점이 되었다. 19세기의 풍경을 보여주는, 우리에게는 지극히 자연스러운 이 그림이 관객들의 분노를 유발한 까닭은 인물들이 재킷과 검은색 프록코트를 입고 있기 때문이다. 이때까지 예술은 눈에 보이는 것,

• 그는 이 책에서 "현재의 삶의 일시적이고 사라지는 아름다움"을 "현대성"으로 지칭하며 그것은 영원하고 변함없는 아름다움과 더불어 전체의 아름다움을 이룬다고 말한다.(Charles Baudelaire, *Le Peintre de la vie moderne, in Au-delà du romantisme,* Paris, GF Flammarion, 1998, p.248)

다시 말해 현실의 범속한 것에 머물러서는 안 되고 그것을 넘어서는 진리를 표현해야만 했다. 규약은 그 방법을 규정해놓고 있었다. 이런 상황에서 눈에 보이는 것, 범속한 것을 예술의 영역으로 끌어들이는 것은 곧 규약을 위반하는 것이었고, 〈튈르리정원 음악회〉 앞에서 분노를 느끼는 관객들은 규약 위반에, 기존의 예술을 전복하는 파괴 행위에 항의하고 있는 셈이었다.

3.2. 주제의 파괴와 침묵의 수립

잘 알려진 것처럼 〈풀밭 위의 점심〉이 보여주는 옷을 걸친 남자들 곁의 벌거벗은 여인의 주제는 조르조네의 〈전원의 합주〉로부터, 인물들의 구도는 라파엘로의 〈파리스의 심판〉을 기초로 마르칸토니오 라이몬디가 제작한 동판화로부터 온 것이다. 모델이 된 두 그림 모두 신화적 세계를 재현한다는 사실은 매우 중요하다. 마네의 그림에서와 마찬가지로 조르조네의 그림에서도 옷을 입은 남자들 곁의 벌거벗은 여인들은 자극적인 주제이다. 하지만 이것이 아무런 스캔들도 불러일으키지 않는 것은 신화적 세계를 전면에 내세우기 때문이고, 바로 여기에 전통 회화를 규정하는 규약의 핵심이 있다. 마네가 깨뜨리는 것은 바로 이 규약이다. 그는 신화의 틀에 현재의 세계가 돌입하게 한다. 다시 말해 고상하고 위엄에 찬 예술의 영역에 평상복을 입은 남자들과, 관객의 눈을 정면으로 쳐다보며 도발하는 벌거벗은 여인을 난입시킨다. 이로부터 비롯되는 변화는 엄청난 것이다. 우리는 "과거의 전복"과 "새로운 질서의 탄생"을 목도한다. 거기서 회화는 스스로의 위엄을 "즉각적이고 부조리한 소여" 속에, "자기 시대의 형태들" 속에 위치시키고, 이렇듯 새로운 국면 속에서 종래의 회화가 구현하던 "일체의 웅변이 목 졸"린다.(84)

1867년에 마네가 그린 〈막시밀리안황제의 처형〉은 주제의 파괴, 웅변의 거부, 그리고 침묵의 구축으로 이어지는 마네의 작업을 가장 강렬하고 극적인 방식으로 보여준다. 바타유는, 고야의 〈1808년 5월 3일〉을 모델로 삼은 이 그림에서 마네가 "작업 대상으로 꽃이나 생선을 선택했을 때와 똑같이 무심하게 사형수의 죽음을 그렸다"고 말한다.

> 마네의 그림이 이야기를 하는 것은 사실이다. 그것은 고야의 것 못지않게 이야기한다. 하지만 이야기가 이루어지는 것은 회화가 이야기하는 것에 대한 무심함 속에서이다. 〈발코니〉를 그린 화가의 다른 그림들은 아무것도 이야기하지 않는다. 하지만 그 모든 그림 가운데 〈막시밀리안황제의 처형〉이 가장 덜 수다스럽다. 물론 분명히 마네는 정확한 디테일을 지켰다. 하지만 그 세밀함 자체가 부정적이다. 이 그림은 웅변의 부정이다. 그것은, 마치 언어가 그리하듯, 감정을 표현하는

그림의 부정이다.(60)

사실 죽음을 그릴 때는 그에 합당한 방식으로 그려야 할 것이다. 만약 "무심하게" 마치 "꽃이나 생선을" 그리듯 죽음을 그린다면 그것은 주제를 부정하거나 파괴하는 셈이 될 것이다. 주제의 부정 또는 파괴는 곧 주제의 침묵이고, 주제는 단지 형태와 색채의 유희를 위한 하나의 구실에 불과해진다. 이렇듯 "주제를 지우고 파괴하는 것은 현대 회화의 일이다. 하지만 정확히 말하자면 주제의 부재는 아니다. 각각의 그림은 많건 적건 하나의 주제, 하나의 제목을 유지한다. 하지만 그 주제, 그 제목은 무의미하며 회화의 **구실**에 불과해진다."(60~61) 이제 관건은 "그리는 예술에, 테크닉에, 형태와 색채의 노래에 자유로이 전념"(49)하는 것이다.

가에탕 피콩은 마네 이후의 현대 예술을 "스스로의 바깥에 텍스트를 갖지 않는 예술"로 정의한다.• 회화 이전에 또는 바깥에 존재하는 어떤 텍스트를 거부하는 것에서부터 주제를 파괴하고 웅변을 거부하며 침묵을 구축하는 일은 가능해진다. 전통과 규약이 부과한 담화와 의미에 스스로를 종속시키고 그것을 보다 웅변적으로 표현하는 데 골몰하던 회화는 이제 눈앞에 보이는

• Gaëtan Picon, *1863. Naissance de la peinture moderne*, p.94.

것에 근본적인 중요성을 부여하며, 이렇게 시작된 변화와 함께 회화는 일체의 의미를 포기하고 무의미 또는 비의미의 차원으로 이행한다. 이런 변화를 그 어떤 작품보다 잘 보여주는 것이 〈올랭피아〉라는 게 바타유의 생각이다.

이 말은 어떤 의미에서는 애초에 〈올랭피아〉의 **텍스트**였을 수 있다.(하지만 논란의 여지는 있다.) 하지만 당시 한 신문에 실렸던 케레타로에서의 비극적 사건 기사가 〈막시밀리안황제의 처형〉에서 떨어져나가는 것과 마찬가지로, 이 텍스트는 〈올랭피아〉에서 떨어져나간다. 두 경우 모두 그림에 의해 텍스트가 지워진다. **그림이 의미하는 것은 텍스트가 아니라 그 지워짐이다.** 발레리가 말하는 것•을 마네가 말하길 원하지 않는 것과 같은 정도로—오히려 그가 그 의미를 지운(산산조각낸) 것과 같은 정도로—그 여자는 거기 있다. 도발적 정확함 가운데 그녀는 **아무것도** 아니다. 그녀의 벌거벗음(실제로 육체의 벌거벗음과 일치하는)은 난파한 배, 빈 배에서 스며 나오는 침묵처럼 그녀로부터 배어나오는 침묵이다. 그녀의 모습은 그녀의 현존의—부재의 단순함을 지닌 현존의—"신성한 끔찍함"이다. 살롱전의 관람객들에게 '고릴라'의 추악함으로 나타났던

• 〈올랭피아〉에 대해 폴 발레리는 "그녀는 대도시의 매춘 일과 풍습 속에 감춰지고 보존된 모든 원초적 야만과 제의적 동물성을 꿈꾸게 해준다"고 말한다.(77)

> 생경한 사실주의는 우리가 보기에 **눈에 보이는 것**을 **눈에 보이는 것**의 말없는 단순함으로, 입을 벌린 단순함으로 환원시키고자 하는 화가의 배려이다.(77~78)

마네가 우리를 감탄하게 하는 데는 그만한 이유가 있다. 먼저 "새로운 차원의 형태를, 새로운 세계를 재구성"(50)하려는 혼자만의 시도를 그야말로 모든 것을 명료하게 인식하는 상태에서 감행하기보다 자신도 모르는 사이에 암중모색으로 행했지만, 그럼에도 불구하고 대단히 결연한 자세로 임했다는 사실은 놀라운 것이다. 바타유에 의하면, 마네의 작업이 자주 스캔들을 불러일으킨 것도 바로 이 결연함, 즉 그가 기존의 예술 형식을 파괴하면서 보여준 그 결연함 때문이었다. 마네에게서 주목해야 할 또다른 중요한 점은, 설정한 주제를 파괴하고 웅변을 거부하며 침묵을 수립하는, 그리하여 회화가 의미에서 해방된 "형태와 색채의 노래"로 솟아오르게 하는 국면을 그의 작품들이 하나의 체계적인 과정으로서, 곧 "**작용**"(92)으로서 우리 눈앞에 제시한다는 사실이다. 모네를 비롯한 인상주의자들 역시 주제에 대한 무심함을 보여주었다. 하지만 마네의 무심함을 뚜렷이 구분짓는 것은 바로 "**작용**의 가치"(94)이다. 한데 이 작용이 가장 분명하게 드러나 있는 그림이 〈올랭피아〉이고, 이런 점에서 바타유에게 〈올랭피아〉는 마네의 대체 불가능한 최고의 걸작이 된다. 회화를 근대적 재현 방식에서 현대 예술의 세계로 옮겨놓는 이 작용과 관련하여 바타유는 〈올랭피아〉를 〈풀밭 위의 점심〉과 비교하면서 다음과 같이 말한다.

〈올랭피아〉에서 마네는, 하나의 세계를 다른 세계 속에 옮겨놓음으로써 끌어낼 수 있으리라고 생각하던 효과 구하기를 계속했다. 하지만 그는 재킷을 통한 거친 방식을 버렸고, 벌거벗은 여인 곁에 〈우르비노의 비너스〉의 하녀만 남겼다. 효과는 한층 연해졌지만 그렇다고 격렬함을 잃지는 않았다. 미의 처소에서, 예술의 희소해진 세계에서 '눈에 보이는 것'의 거친 출현은 충격이었다. ……비밀 가운데, 침실의 침묵 가운데, 〈올랭피아〉는 경직되고 둔탁한 격렬함에 도달한다. …… 이제 시의 침묵 속에 빠지지 않는 것은 아무것도 없다. 심지어 마네의 눈에서조차 작업은 지워졌다. 〈올랭피아〉 전체가 하나의 범죄 또는 죽음의 광경과 잘 구별되지 않는다……. 그 안의 모든 것이 미에 대한 **무심함**으로 미끄러진다.

〈풀밭 위의 점심〉에서 시작된 노력은 완료되었다. 완만한 준비 과정이 마무리된 것이다. 테크닉과 빛의 신성한 유희, 현대 회화가 탄생했다.

그것은 장식물들의 삭제 가운데 되찾은 위엄이다. 그것은 아무나, 그리고 벌써 아무것이나의 위엄이다……. 그것은 이제

더이상 아무런 인과관계도 없이 있는 것에 귀속되는 위엄이 고, 회화의 힘이 드러내는 위엄이다.(86~87)

바타유가 보기에 걸작 〈풀밭 위의 점심〉이 〈올랭피아〉로 가는 하나의 중간 단계에 불과한 것은 그것이 "거칠고" "잡다"하고 "체계적"이고 "자의적"이기 때문이다.(86) 게다가 "집중"된 〈올랭피아〉와 달리 이 그림은 "분산"되어 있다고(86), 즉 산만하다고 그는 생각한다. 그의 〈올랭피아〉 읽기는 단순화로 요약된다. 흑인 하녀, 그리고 솟구친 꼬리가 발기한 남근을 암시한다고 해서 커다란 스캔들을 불러일으켰던 고양이는 어둠으로 환원되어버린다. 남는 것은 올랭피아와 그녀의 귀에 매달린 꽃, 꽃다발, 숄, 분홍색 옷, 침대 시트, 목걸이 끈, 구두 정도이다. 한데 시트나 하녀의 분홍색 옷처럼 생경한 색채로 처리된 인물은 사물들과 더불어 정물의 차원으로 옮겨간다. 마네의 다른 그림 〈아틀리에의 점심〉에서는 "정물은 인물의 층위로 옮겨가고, 인물은 그만큼 사물의 층위로 추락한다."(106) 주목할 점은 이런 인물의 정물화化가, 그동안 전통 회화가 발전시켜온 벌거벗은 여인의 주제를 파괴한다는 사실이다. 그야말로 "모든 것이 미에 대한 무심함으로 미끄러진다." 이제 화폭에 남게 되는 것은 생경하고 조화를 이루지 못하며 파열의 양상을 띠는 색채뿐이고, 이 색채는 침묵을 부과한다. "엄격한 파괴"를 거친 회화가 "자유의 침묵"에 도달하고 있는 것이다.(91) 중요한 사실은 "침묵"이 "〈올랭피아〉를 고립시키고 위대하게" 한다는 점이다.(94) "〈올랭피아〉 전체가 하나의 범죄 또는 죽음의 광경과 잘 구별되지 않는다"(87)는 다소 수수께끼 같은 말은 주제가 파괴되어 작품이 바야흐로 비의미의 차원에 위치했음을 뜻한다고 봐야 할 것이다. "시"는, 재현하고 의미하는 이성적 담론의 차원을 벗어나는 색채의 언어를 가리킬 것이다. 그 무엇을 재현하지도 말하지도 의미하지도 않으면서 그것 자체로서 존재하는 테크닉과 빛의 유희, 바타유에 의하면 이것이 바로 마네와 더불어 현대 회화가 도달하는 지점이다.

그런데 진지함의 맞은편에 자리잡는 듯 보이는 이 유희는 주권에 관련된다. 그것은 다른 무엇을 위해 있는 게 아니라 그것 자체로서 자유 가운데 스스로 있기 때문이다. 바타유는 〈올랭피아〉가 구현하는 주권에 대해 이렇게 말한다. "스캔들을 일으킨 것은 수많은 규약에 묶어놓는 끈으로부터 해방된 단도직입적인 **인간성**이다. 그 규약들을 발화하는 것은 웅변과 산문, 수다와 설교이다. 〈올랭피아〉를 바라볼 때 우리를 지배하는 것은 말소의 감정이다. 순수한 상태, 곧 웅변이 산출한 거짓에 얽는 끈을 주권적으로, 침묵으로 끊어버린 존재의 상태가 행사하는 매혹의 정확함이다."(79) 마네의 예술이 추구하는 주권에 대해 좀더 자세히 살펴보도록 하자.

3.3. 주권

바타유가 말하는 주권은 헤겔이 『정신현상학』에서 제시한 지배권과 비교될 수 있다. 데리다의 설명에 따르면, 헤겔의 지배권은 노예가 아닌 주인이 "삶 위로 올라서면서, 죽음을 정면으로 바라보면서 도달하는" 국면이다. 지배권의 본질적 요소라고 할 "자유는 따라서 삶을 거는 것에 의해 확보된다." "노예는 자기 삶을 걸지 않고 그것을 보존하고자 하는, 보존되길 원하는 자이다." 반면에 "주인은 죽음의 고뇌를 견뎌내고 그 작용을 유지할 힘을 갖고 있다."• 헤겔의 지배권은 "서로 분리될 수 없는 두 가지 조건"을 전제로 한다. 그것은 첫째 "주인이 자기의 삶을 위험에 빠뜨리면서 획득한 것을 향유하기 위해서는 삶을 유지해야 한다"는 점, 둘째 "독립적 자기의식의 진실은 노예적 자기의식이라는"점이다. 두번째 조건을 다른 말로 설명하면 "노예성이 지배권이 될 때 그것은 자기 안에 억압된 기원의 흔적을 간직한다"는 것을 뜻한다. 따라서 "주인의 진실은 노예 안에 있으며, 주인이 된 노예는 '억압된' 노예로 남는다."••

바타유의 주권은 헤겔의 지배권과 엄연히 구별되는 개념이

• Jacques Derrida, "De l'économie restreinte à l'économie générale", in *L'écriture et la différence*, Paris, Seuil, coll. 《Points/Essais》, 1967, pp.374-375.
•• ibid, p.375.

다. 그것은 헤겔의 지배권 이상이자 이하인 것으로서, 바타유는 그것을 변증법으로부터 떼어낸다.• 바타유의 주권은 이성과 지식에 전적으로 의지하지 않고 그것들에 대해 거리를 둔다. 노예의 삶을 거부하고 주권의 회복을 추구하는 바타유에게 지성과, 지성에 연결된 의미에 대한 욕망은 노예성의 발로일 수 있다.•• 그가 보기에 "지성의 발전은 삶의 메마름으로 이끌고, 이는 다시 지성을 축소시키며"••• 인간을 침하와 타락으로 데려갈 수 있다. 물론 이런 이성에 대한 불신과 주권의 추구가 무질서와 방종의 권유가 아님을 유념해야 한다. 인간은 이성을 버리고는 살 수 없다. 이성은 삶의 근간을 이루며 삶을 풍요롭고 윤택하게 만드는 데 기여한다. 바타유의 위반이 금기의 준수와 높은 도덕성을 전제하며 일시적일 때만 의미를 가질 수 있는 것처럼, 이성에 대한 문제제기가 의미를 지닐 수 있는 것은 제대로 작동하는 이성을 바탕으로 할 때이다. 현실에서 이성으로부터 해방되는 것은 어렵다 못해 가능하지 않고 주권의 실현은 따라서 하나의 신기루처럼 빛날 따름이거니와 삶을 파괴하지 않고도 자유로이 주권을 추구할 수 있는 예술은 인간의 본질적인 기도企圖가 수행되는 중요한 영역, 비록 대안이 될 수는 없어도 하나의 특권적인 영역

• 같은 글, p.376.
•• 같은 글, p.384.
••• Georges Bataille, *L'Expérience intérieure*, Paris, Gallimard, coll.《Tel》, p.20.

으로 나타난다.

현대 예술에 비추어볼 때 바타유의 주권은 크게 두 가지를 의미하는 듯 보인다. 첫째, 주권은 이제 더이상 유효하지 않은 과거의 가치와 이념, 곧 전통과 규약의 이름으로 여전히 문화를 지배하는 모든 것으로부터의 해방을 뜻한다. 둘째, 주권은 이성과 유용성의 이름으로 인간의 삶을 예속시키고 무겁게 만드는 일체의 것에 대한 거부를 가리킨다. 고려해야 할 것은 바타유의 논의에서 이 두 가지가 서로 뒤섞인 채로 나타난다는 사실이다.

> 바깥으로부터 주어진 규약의 위엄으로부터 독립된 자리에서, 논란의 여지가 없는 어떤 현실, 다시 말해 거짓말에 의해 거대한 유용성의 기계에 굴복하지 않는 어떤 현실을 찾아야만 했다. 한데 그런 주권이 발견되는 것은 예술의 침묵뿐이었다. 오늘날 주권적인 것, 위엄 있는 것은 결코 현재의 형태들 속에 결코 나타나지 않는다. 주권적인 것은 궁전 또는 사원을 새로이 배열할 수 없다. 그것은 오로지 말로가 세잔의 사과들에 부여하는, 〈올랭피아〉에 드러나는, 〈막시밀리안황제의 처형〉의 위대함을 이루는 '은밀한 왕권' 속에서만 나타난다. 이 왕권은 그 자체로는 아무 이미지에도 속하지 않는다. 그것은 자기 안에서 주권적 침묵의 지점에 도달하는 이의 열정에 속하는 것으로서, 그의 회화는 이 주권적 침묵의 지점을 표현하

는 동시에 그 안에서 스스로 변모한다. 그리하여 회화는 이제 부르주아적 무거움에 완전히 종속된 세계로부터 대상들을, 대상의 이미지들을 떼어내는 예술로 나타난다.(65)

현대 예술에 대한 바타유의 생각, 나아가 그의 전복적 사유가 응축되어 있는 이 구절에서 주권의 예술사적 사례는 "바깥으로부터 주어진 규약의 위엄" "현재의 형태들", 그리고 "궁전 또는 사원"에 의해 부정적으로 지시된다. 상대적으로 작은 이 부분 이외의 텍스트는 주권의 본질적 의미에 관련되는데, 주권은 "거짓말" "거대한 유용성의 기계" "부르주아적 무거움"과 대립하며 "침묵"으로 표현된다. "열정"의 극화劇化를 통해 도달하는 이 침묵은 긍정적인 것이 아니라 부정적인 것이다. 미셸 푸코는, 바타유에게서 주권과 불가분의 관계를 맺는, 주권의 통로로 기능하는 위반에서 "신성의 긍정적 의미를 모르는 세계의 신성모독"을 보면서 "그것은 신성을 발견하게 해주는 게 아니라 빈 형태로 재구성하게 해준다"고 말한다.• 신이 부재하는 세계에서 빈 형태로 재구성되는 신성, 이에 해당하는 것이 현대 예술의 영역에서는 바로 침묵을 통해 표현되는 "왕권" 또는 주권이거니와, 이 "왕권" 또는 주권은 "은밀"할 수밖에 없다. 그러나 비어 있고 은밀하

• Michel Foucault, "Préface à la transgression", *in Critique*, No 195-196, 1963, p.752.

고 부정적이긴 해도 현대 예술이 이룩하는 침묵의 주권은 인간에게 소중한 의미를 갖는다. 그것을 통해 인간은 자신을 사물의 무게에 예속시키는 "유용성의 기계"와 "부르주아적 무거움"으로부터 벗어나 자유롭고 독립적인 존재로 수립되며 스스로의 위엄을 되찾는 국면을, 비록 일상적 현실의 바깥일지언정, 엿볼 수 있는 까닭이다.

4. 라스코와 마네

다비드에서 쿠르베에 이르는 영광스러운 프랑스 화가의 전통에 속하며, 이 전통에 모네, 르누아르, 세잔보다 훨씬 더 긴밀하게 연결된 마네. 대단히 창조적이고 전복적이지만 자주 과거의 모델 속에서 그림의 구도를 찾아야만 했던 마네. 앞서 말한 "우아함"이 오로지 의복과 거동의 차원에 그치지 않고 들라크루아와 쿠르베 등이 떨쳐버리지 못했던 웅변의 거부와 '무심함'으로 이어진 마네. 그의 회화 세계는 크게 다음 세 측면으로 요약될 수 있다. 첫째, 눈에 보이는 것을 그리는 것. 둘째, 그림의 주제를 파괴하는 것. 셋째, 파괴된 주제의 자리에 침묵을 수립하고 "형태와 색채의 노래", 곧 주권의 회화를 펼쳐놓는 것. 바타유가 읽어내는 마네 예술의 이런 특징을 한마디로 요약한다면 그것은 '의미로부터 벗어나기'가 될 것이다. 바타유에게서 의미는 소모의 대척점에 위치하는 만큼 노동, 이성, 타산과 같은 범주에 속하며 예술, 유희, 종교, 에로티슴과 대립한다. 이런 면에서 의미로부터 벗어나고자 하는 마네의 예술은 르네상스 이래의 근대 예술에 대한 부정을 넘어 서양 근대문명 일반에 대한 문제제기가 된다.

『마네』가 현대 예술에 대한 바타유의 성찰을 담고 있다면, 그의 다른 책 『라스코 혹은 예술의 탄생』(1955)은 예술 자체에 대한 바타유의 생각이 피력된 책이다. 『마네』와 같은 해에 나온 이 책에서 바타유는 예술의 탄생을 도구의 사용, 곧 이성적 노동과 구별하여 대립적으로 파악하면서 시간적으로 전자를 후자 이후에 위치시킨다. 그가 보기에 라스코에 구현된 예술은 유희와 위반의 영역에 속하며 타산적인 노동의 세계에 반한다. 그것은 "인간의 경멸할 만한 산업 맞은편에서" "세계의 감춰진 힘"과 소통하는 어떤 것으로 나타난다.• 요컨대 예술은 이성과 노동에서 벗어나기 위한 시도로서 탄생했다는 것이다.

바타유에게서 예술의 역사는 양파껍질의 구조를 갖는다. 지금으로부터 3만 년 전, 곧 후기구석기 시대에 호모 사피엔스는 이성과 노동에서 벗어나기 위해, 유용성이 지배하는 활동의 세

• Georges Bataille, *Lascaux ou la naissance de l'art,* in *Oeuvres complètes IX*, Paris, Gallimard, 1979, p.70.

계에 항의하기 위해 예술을 탄생시켰다.• 그리고 19세기 중반 마네와 함께 시작된 현대 예술과 더불어 인간은 또 한 번 이성과 노동, 그리고 의미에서 벗어나기 위해 새로운 예술의 차원을 열었다. 예술의 영역에 한정할 경우 인간은 크게 두 차례, 마치 양파껍질을 벗기듯 이성과 노동에서 멀어지며 사물과 유용성의 무게로부터 벗어나 주권의 차원을 향해 다가갔다. 두 시도는 많은 차이를 지닌다. 하지만 그것들은 동일한 원칙과 정신을 공유한다. 이성과 노동, 그리고 의미에서 벗어나려는, 일상적 현실에서는 불가능한 시도가 중요한 것은 그것을 통해서만 인간은 현실 질서의 억압을 떨치고 자유를, 존재의 충일함을, 그리고 스스로의 주인으로 올라서는 주권의 국면을 불가능 속에서나마 꿈꿀 수 있기 때문이다. 예술은 이런 꿈을 위한 새로운 장을 현실의 맞은편에 열고, 바로 여기에 바타유가 바라보는 예술의 의미가 있다고 하겠다.

벌써 오래전 이 책을 처음 읽고 났을 때 아직 채 우리말 번역이 없었던지라 내가 번역을 해야겠다는 강한 욕심을 느꼈다. 현대 회화의 문을 연 마네라는 위대한 화가에 대한 깊이 있는 평전의 형태를 취하고 있으면서도 바타유의 전복적 예술론의 핵심이

• 같은 책, p.28.

강하고 뚜렷하게 피력되어 있는, 짧은 만큼 더욱 조촐하고 오붓하게 느껴지는 책이기 때문이었다. 하지만 쏟아지는 바쁜 일정으로 시작한 번역을 끝맺지 못한 채 중단된 시간이 자꾸 길어지기만 했는데, 마침내 이번에 책을 내게 되어 몹시 기쁘다. 어려운 원고를 꼼꼼하게 검토하며 좋은 책을 만들어준 문학동네의 김영옥 팀장께 이 자리를 빌려 고마운 마음을 전한다.

마네

초판 인쇄 2020년 8월 12일
초판 발행 2020년 8월 21일

지은이 조르주 바타유
옮긴이 송진석

펴낸이 염현숙
책임편집 김영옥 | 편집 이경록 | 디자인 김마리 이주영
저작권 한문숙 김지영 이영은
마케팅 정민호 이숙재 양서연 박지영
홍보 김희숙 김상만 지문희 우상희 김현지
제작 강신은 김동욱 임현식 | 제작처 영신사

펴낸곳 (주)문학동네
출판등록 1993년 10월 22일 제406-2003-000045호
주소 10881 경기도 파주시 회동길 210
전자우편 editor@munhak.com | 대표전화 031)955-8888 | 팩스 031)955-8855
문의전화 031)955-3578(마케팅), 031)955-1905(편집)
문학동네카페 http://cafe.naver.com/mhdn
문학동네트위터 @munhakdongne
북클럽문학동네 http://bookclubmunhak.com

ISBN 978-89-546-7408-9 03600

이 도서의 국립중앙도서관 출판예정도서목록(CIP)은 서지정보유통지원시스템 홈페이지(http://seoji.nl.go.kr)와 국가자료종합목록 구축시스템(http://kolis-net.nl.go.kr)에서 이용하실 수 있습니다.(CIP 제어번호: 2020033008)

잘못된 책은 구입하신 서점에서 교환해드립니다.
기타 교환 문의 031) 955-2661, 3580

www.munhak.com